U0612668

农民专业合作社辅导员
知 识 读 本

（第二版）

农业农村部农村合作经济指导司
农业农村部管理干部学院 编著

中国农业出版社
北 京

第二版编写组

主　　编：张天佐　闫　石

副 主 编：赵铁桥　朱守银

编审人员（按姓氏笔画为序）：

于　正　于占海　王梦颖　刘华彬

孙超超　杨艳文　吴　彬　邵　科

罗慧娟　朋文欢　周忠丽　康晨远

第一版编写组

主　　编：孙中华　魏百刚

副 主 编：赵铁桥　闫　石

编审人员（按姓氏笔画为序）：

马国忠　史冰清　白　林　任大鹏

刘景枢　刘瑞明　孙晓明　杜蕊花

杨春悦　李　靖　苑　鹏　郑有贵

柳金平　夏　英　徐旭初　徐雪高

序　言

　　农民专业合作社是亿万农民在农村改革发展中的伟大创举。在"大国小农"的基本国情农情下，合作社是组织、引领、带动广大小农户衔接现代大农业、进入国内外大市场不可或缺的通道，是广大农户包括贫困农户提高生产经营效益、实现增收脱贫致富的重要途径，也是保持农村基本经营制度活力的重要组织形式。

　　党中央、国务院高度重视农民合作社发展，把突出抓好农民合作社发展作为当前和今后一个时期加强农业经营体系建设的重要任务。2007 年正式出台《中华人民共和国农民专业合作社法》（以下简称《农民专业合作社法》），2018 年新修订的《农民专业合作社法》正式施行，赋予了农民专业合作社与其他市场主体平等的法律地位，确立了联合社的法人地位，丰富了农民专业合作社的服务类型，也为农民专业合作社规范发展、合作社及其成员权益维护提供了法律依据。过去几年，中央层面还出台了包括《关于加快构建政策体系培育新型农业经营主体的意见》《关于促进小农户和现代农业发展有机衔接的意见》等一系列相关政策举措支持农民专业合作社持续发展。

　　在乡村振兴战略不断深入推进的大背景下，农民专业合作社迎来了从快速增长到高质量发展的重要转型期。截至 2019 年 7 月底，在市场监督管理部门登记的农民专业合作社达到 220.7 万家，是 2007 年年底的 84 倍，辐射带动了全国近一半农户，参加合作社农户的收入普遍比非成员农户高出 20% 以上，农民专业合作社已经成为重要的新型农业经营主体和现代农业建设的中坚力量。

　　为加强对农民专业合作社的指导、扶持和服务工作，许多地方还积极探索建立了农民专业合作社辅导员队伍，开展多种形式的结对帮扶，为合作社提供了很多有效的支持。为更好地提升有关工作，帮助广大农民专业合作社辅导员更好地适应新形势下农民合作社工作的任务要求，提升辅导员队伍宣传相关法律法规政策、指导合作社组建并规范运营的能力和水平，《农民专业合作社辅导员知识读本》（第二版）结合新修订的《农民专业合作社法》及配套制度规定，进行了修订，以期为合作社辅导员们提供实操性和实效性更强的业务工作指南。让我们共同为农民专业合作社高质量发展、乡村全面振兴而努力奋斗！

本书编写组

2019 年 11 月

目　　录

第1章 农民专业合作社的基本知识

1.1 农民专业合作社的界定和组织特征

1.1.1 西方有代表性的合作社定义

自从 1844 年 12 月 24 日"罗虚戴尔公平先锋社"诞生以来，合作社作为一种理念，一种思潮，更作为一种运动已经席卷全球。无论从历史渊源还是从制度特性来看，我国当前的农民专业合作社无疑是国际合作社运动中的有机组成部分。

目前，西方比较有代表性的合作社定义大概有以下几种：

（1）农业合作社是一种企业组织，通常由农业生产者成员所结社、拥有和控制，为作为生产者或惠顾者的成员或股东的共同利益，在允许用于运营、存续和其他经过认可的用于发展和必要积累的扣除之后，在成本基础上运作。

（2）合作社是为了共同利益而组建。经济合作社是一种企业形式，由具有共同需要的成员惠顾者民主地所有和控制，在非营利基础上为自己服务，并根据参与比例获得利益。

（3）合作社是一个由具有在非营利基础为自身提供所需服务的共同所有权利益的人们组成的自愿契约组织。

（4）合作社可被定义为由力图实现自我经济服务的人们组成的民主的联合体，通过一个旨在消除中间商利润和提供基于所有和控制的实质平等的计划。

（5）美国威斯康星大学合作社研究中心（UWCC）对合作社的定义是：合作社是一个由其惠顾者成员自愿所有和控制，在非营利或成本基础上由他们自己为自己经营的企业。它由其使用者所有。

最权威的定义当属国际合作社联盟成立 100 周年大会（1995）的定义："合作社是由自愿联合的人们，通过其联合拥有和民主控制的企业，满足他们共同的经济、社会和文化需要及理想的自治的联合体。"因此，我们可以从中得到以下关于合作社定义的结论：

（1）合作社是一种特殊的企业组织，是一种由作为惠顾者（使用者）的成员"共同所有和民主控制的企业"。合作社的所有权在民主的基础上归全体成员。这是区别合作社与其他资本控制或政府控制的企业组织的主要所在。

（2）合作社具有共同体或结社的性质，换言之，它具有社会属性。

（3）合作社是"人的联合"，它的经济主体是合作社成员。关于"人"，合作社可以用它们选择的任何法律形式自由加以规定。

（4）人的联合是"自愿的"和"自治的"。在合作社的目标和资源内，成员有加入或退出的自由。同时，合作社独立于政府部门和私营企业。

（5）成员组织合作社是为了"满足共同的经济和社会的需要"，即合作社的成立着眼于成员，成员的需要是合作社存在的主要目的，而且成员根本的、首要的需要是经济需要。

（6）合作社"基于使用进行分配"，而且"在非营利或成本基础上"经营。因此，我们不难看出，合作社是成员联合所有、成员民主控制、成员经济参与并受益的企业组织。

1.1.2 我国新型农民专业合作社内涵

在我国，合作社的定义大致也可适用于人们平时所说的"农民合作经济组织""农村合作经济组织""农业合作经济组织"或"农民专业合作经济组织""农民专业合作组织""农民合作组织"等。尽管这些称呼的外延更为复杂，实际上，这些称呼的组织就是：由农业从业者为了谋求、维护和改善其共同利益，按照自愿、公平、民主、互助、互利等原则，通过共同经营活动建立起来的经济组织。新修订的《农民专业合作社法》第二条规定，"农民专业合作社，是指在农村家庭承包经营基础上，农产品的生产经营者或者农业生产经营服务的提供者、利用者，自愿联合、民主管理的互助性经济组织"。法律第三条进一步明确，"农民专业合作社以其成员为主要服务对象，开展以下一种或者多种业务：1. 农业生产资料的购买、使用；2. 农产品的生产、销售、加工、运输、贮藏及其他相关服务；3. 农村民间工艺及制品、休闲农业和乡村旅游资源的开发经营等；4. 与农业生产经营有关的技术、信息、设施建设运营等服务"。

为什么将其称为新型农民专业合作社？其一，之所以强调农民合作组织，是因为无论如何我国农业合作经济都应以农民为主体，以此强调对农民主体性的确认和尊重。其二，之所以强调专业合作组织，是希望区别于社区合作组织。作为提高农民组织化程度的主要载体，专业合作组织既不是过去的农业合作化运动的翻版，也不是现有的农村社区集体经济组织的强化，而是在新时期对农村微观经济基础的组织创新。

1.2　农民专业合作社的分类

1.2.1　从世界范围看农民合作社分类情况

(1) 以德国和法国为代表的合作社类型。其主要特点是专业性强，即以某一产品或某种功能为对象组成合作社，如奶牛合作社、小麦合作社、销售合作社或农机合作社等。欧洲合作社形式多种多样，通过这些合作社为专业农户提供专业化、系列化服务，保护成员权益，提高合作社竞争力。这些合作社一般规模都比较大，本身就是经济实体，为了形成规模优势保障合作社利益，合作社之间的联合或合作逐步增强，形成了比较完整的合作体系，如德国的合作社分中央社、地方社和基层社，合作社以经济利益联结，以为成员和基层社服务为目的。

(2) 以日本为代表的综合农协类型。它的主要特征是以综合性为主，韩国、印度、泰国以及我国台湾地区都属于这一类型。在日本有综合性农协，根据会员的需要为会员开展多种多样的服务。日本农协开展的服务主要有经营指导，包括向农民传授农业生产技术、提供市场信息、指导安排生产计划、指导经营管理等；农产品销售服务，包括以不低于市场价格集中出售农产品等；购买服务，包括购买生产资料和生活资料等；信用服务，包括开展储蓄和贷款业务等；互助保险服务等。随着事业的发展，一些社区服务也成为农协的一个重要内容，也有专业性农协，但大部分专业农协会员人数少，规模小，经营较弱。从经济实力和经营范围看，还是以综合性农协为主。

(3) 以美国、加拿大、巴西为代表的合作社类型。主要特点是跨区域合作与联合，以共同销售为主。美国合作社的发展首先不是从信用合作社开始的，而是从发展销售合作社开始，继而扩大到供应和食品加工。因此美国销售合作社发达，规模大，在牛奶、水果、蔬菜等领域占有较大的市场份额，涌现出不少国际驰名品牌。

1.2.2　我国农民专业合作社分类情况

在我国，对于农民合作经济组织大致有三层理解：一是最广义的理解，农民合作经济组织包括各种类型的农民专业合作社、农民专业协会、乡镇村集体经济组织、农村股份合作制企业以及供销合作社和信用合作社；二是比较广义的理解，农民合作经济组织包括各种类型的农民专业合作社、农民专业协会、乡镇村集体经济组织、农村股份合作制企业；三是狭义的理解，农民合作经济组织主要指农民专业合作经济组织，即农民专业合作社和农民专业协会。

（1）根据专业合作经济组织的功能，目前的农民专业合作经济组织可分为生产型、采购型、销售型、加工型、技术服务型、综合型六种基本类型。

（2）根据专业合作经济组织创办者的身份，目前的农民专业合作组织可分为能人牵头型、龙头企业带动型、农业技术推广服务部门兴办型、政府发起型等类型。

（3）根据专业合作经济组织紧密程度差异，目前的农民专业合作经济组织可分为专业合作社和专业协会两种基本类型。①专业合作社。它是一种管理比较规范、与成员联系比较紧密的合作经济组织形式。专业合作社必须在市场监督管理部门登记，领取"农民专业合作社法人营业执照"，其主要特点是采取产业化经营模式，成员与合作社既有按交易量（额）返还盈余方式，也有按照股金返还盈余方式。②专业协会。它是一种比较松散的合作组织形式。多数专业协会在民政部门登记注册为社团法人，领取"社会团体法人执照"。专业协会一般每年向成员收取一定数量的会费，以提供技术、信息服务为主。由于社团组织受到经营范围的限制，一些专业协会成立了销售公司，收购成员的农产品，统一组织销售。大多数专业协会不能直接为成员销售产品，没有销售收入，因此没有利润分配。

1.3　农民专业合作社的发展历程与发展特点

1.3.1　合作社思想的来源

"合作社思想"作为特定的经济思想，萌发于空想社会主义时代。早期空想社会主义的发展经过：①1516 年，英国的托马斯·莫尔批判英国的"圈地运动"，提出"乌托邦"的设想，成为空想社会主义的奠基人；②之后的法国、意大利相应产生了"太阳城""国民公社"等理想社会组织形态的美好设想和尝试；③傅立叶、欧文等杰出的空想社会主义者对合作思想进行了继承和发展。

欧文不仅继承和发展了空想社会主义的合作思想，提出了建立"新和谐公社"的设想，而且还进行了大胆的试验。为了实现自己的理想，1824 年欧文带领 4 个儿子和一些信徒远涉重洋去到美国，在美国印第安纳州买下 2 000 公顷土地，创办了一个示范合作公社——"新和谐公社"，试图通过实践来证明他的合作思想的优越性和可行性，但是仅维持了 4 年，于 1828 年宣告试验失败。

1829 年，欧文回到英国投入到英国工人运动和城市合作化运动，并宣传自己的合作公社思想。根据公平交换原则组织市场和以合作公社原理组织生产的思想，先后创建了"劳动公平交换市场""全国生产大联盟""和谐大厦""皇后林新村"。

1844 年，在英国北部兰开夏郡的小城镇罗虚戴尔，诞生了第一个合作社。28 个纺织工人经过较长时间的酝酿和准备，以每周节省下来的两个便士为股金，创立了一个日用品消费合作社——"罗虚戴尔公平先锋社"。它的指导思想是为了减轻和限制商业资本的中间盘剥，以维护成员的物质利益和社会地位为目的。

由于合作社满足了成员的个人利益，又有一套切实可行、公平合理的办社原则，因而得到了全体成员的拥护和支持，迅速发展起来，成了当时最成功、最典型、最有影响的合作社，并被推崇为合作社的典范。

1.3.2　我国农民专业合作社发展背景

20 世纪 80 年代中期以来，我国的农业生产由单一的资源约束转为资源和市场的双重约束，两亿多小农户在适应市场经济发展中逐步暴露出许多缺陷。

第一，随着改革的深化和农业商品化、社会化、专业化的发展，特别是农村税费改革后，农村集体经济组织的职能面临着弱化的趋向，加之农村集体经济负债累累，绝大多数集体经济组织没有能力与实力为农户提供产前、产中、产后服务，满足不了农户发展市场经济的需求。

第二，农村乡镇基层供销合作社已名存实亡，绝大多数基层社或者通过承包给职工个人，或者通过职工买断身份、买断工龄等方式实现了转制，其为农户提供农用物资和帮助农户销售农产品的职能几乎已不存在；农业技术推广站为农户提供服务的能力与实力越来越弱化，满足不了农户引进新技术、新品种的需求。

第三，我国农民组织化程度低，农民单户经营，分散进入市场，缺乏价格谈判优势、信息获取优势，无法与大市场有效对接，致使交易费用高。

第四，中国分散的小农户经营很难适应入世后的冲击和挑战。入世后中国农业组织面临的竞争对手是规模化、组织化程度极高的大农场主及其组成的合作社联盟、大公司企业、跨国公司，甚至是由农产品出口国组成的国际性垄断集团。可以说，在产业组织层面，我们不具备任何优势，竞争基础十分薄弱，而这种产业组织缺陷又不是资本与技术所能替代的。

在经济全球化和加入 WTO 新环境下，单纯地依靠传统的组织结构不能实现中国农业与国内外市场的对接，农民的合理利益也难以得到有效保护。因此，在家庭承包经营的基础上，如何创新农业经营组织，克服"小规模、分散化"家庭经营弊端，以解决小农户与大市场的矛盾，已成为中国农业发展实现"第二次飞跃"的关键。中国农民专业合作社，正是在这种形势下产生和发展起来的。

1.3.3 我国农民专业合作社的发展历程

从 20 世纪 70 年代末至今，我国农民合作经济组织的发展历程大体可以分为三个阶段。

(1) 1978 年到 80 年代末的萌芽阶段。这个阶段的合作组织大多是专业技术协会、研究会，主要是解决技术引进难题。其基本特点是技术组合互助，即有着共同生产经营项目和发展方向的农户在当地一些"农村精英"的带动下，依靠自身的力量进行该类生产经营的科技引进、消化、吸收、传播、推广，并以专业技术能手为核心帮助会员农户学习技术、交流经验和信息。1987 年全国农村各种专业技术协会达 7.8 万多个。1992 年，出现了 13 多万个"专业技术协会"组织开展农户间的技术合作和交流。

(2) 90 年代初至 90 年代末期的起步阶段。随着农业综合生产能力水平不断提高，农产品供给不断增加，农产品卖难的问题出现，农民对销售领域的合作有了要求。在这个阶段，组织的名称出现了新的变化，由专业技术协会、研究会等逐步改称为专业协会、专业合作社等；另外活动内容逐步拓宽，从技术合作转向共同购买生产资料、销售农产品乃至资金、生产设施等生产要素的合作。兴办方式多样化，组织形式相对紧密，形成了一些具有较多资金组合互助合作的组织形态。此外，合作组织的活动范围也突破了地域的限制，逐步跨越社区界限，出现了一些跨乡、跨县经营的农民专业合作经济组织。

(3) 新世纪以来的深化快速发展阶段。进入 21 世纪，伴随着中国加入WTO（世界贸易组织），农业发展进入新阶段，农户面临着前所未有的国内、国际两个市场的竞争压力，农民收入增长缓慢成为"三农"问题的重中之重。为了改善农户的市场竞争环境，增加农民收入，中央采取"多予、少取、放活"的方针，加大对"三农"投入力度，积极支持农民联合起来、发展各类专业合作经济组织。2003 年 3 月 1 日起实施的《中华人民共和国农业法》明确提出国家鼓励农民自愿组成各类专业合作经济组织；国家鼓励和支持农民专业合作经济组织参与农业产业化经营、农产品流通和加工以及农业技术推广等。

2007 年 7 月 1 日，《农民专业合作社法》[①] 正式实施；2017 年 12 月 27 日第十二届全国人民代表大会常务委员会第三十一次会议对法律作出修订和完善。该法不仅明确了农民专业合作社的市场主体地位，而且将国家对农民专业合作社的扶持政策法律化。党的十八大，宣示中国进入新时代；党的十九大，提出乡村振兴战略。农民专业合作社迎来大发展的难得机遇。

从全国来看，农民专业合作社的发展通常在农业产业化、农产品市场化程度相对较高的地区，以当地农产品生产的主导产业或特色产业为依托而建立，在提升农户市场竞争力、增加农民收入中的作用不断提高，在促进农业生产的标准化、品牌化、专业化，发展现代农业中崭露头角。据农业农村部的统计数据显示，我国每个村平均有 3 个农民专业合作社。截至 2018 年 12 月底，全国依法登记的农民专业合作社达到 217.3 万家，是 2012 年年底的 3.2 倍；实有入社农户 12 060 万户，约占全国农户总数的 49.1%。伴随着规模的扩大，合作社逐步向一二三产业融合拓展，向生产、供销、信用业务综合合作转变，向社际联合迈进。

总体而言，农民专业合作社的发展仍处在发展的初级阶段，主要表现在整体经营实力弱、经营规模小、承担风险能力差，并且组织内部运行规范性不强，成员参与度低。深入贯彻落实党中央、国务院关于突出抓好农民合作社发展、促进农民合作社规范提升的决策部署和 2019 年中央 1 号文件关于深入推进示范合作社建设的要求是今后较长一个时期的发展方向和奋斗目标。

1.4 农民专业合作社的基本原则

1.4.1 国际合作社的基本原则

目前比较公认的合作社原则的文本主要有：

(1) 源于 1844 年罗虚戴尔公平先锋社、后在 1895 年国际合作社联盟成立时被确认的"罗虚戴尔原则"。

(2) 1966 年国际合作社联盟提出的"合作社原则"。

(3) 1995 年在国际合作社联盟成立 100 周年大会上提出的"合作社原则"（也称"曼彻斯特原则"）等。

---

① 本书如无特别说明，文中出现《农民专业合作社法》的条款内容都是指 2017 年公布、2018 年施行的新修订版本内容。

新的原则是：

①自愿与开放的成员资格。合作社是自愿加入的组织，它向能利用其服务并承担成员责任的所有人开放，不允许有任何性别、社会、种族、政治或宗教的歧视。

②民主控制。合作社是由成员控制的民主的组织，成员积极参与制定政策和做出决策，选出的代表对全体成员负责。在基层合作社，成员有平等的投票权（一人一票），其他层次的合作社也以民主的方式组成。

③成员的经济参与。成员对合作社的资本做出公平的贡献并加以民主的控制，资本至少有一部分通常是作为合作社的共同财产，成员对其为具备成员资格所认缴的资本通常最多只能得到有限的回报。成员盈余的分配应用于下列部分或全部的目的：发展其合作社，如设立公积金，其中至少有一部分是不可分割的；按成员与合作社之间交易额的比例返还给成员；支持成员同意的其他活动。

④自治和独立。合作社是由其成员控制的自治和自助的组织，如果它们与其他组织（包括政府）达成协议或通过社外渠道筹措资本，成员的民主控制和合作社的自治原则不应由此受到损害。

⑤教育、培训和信息。合作社为其成员、选出的代表、经理及雇员提供教育和培训，以使他们能有效地促进合作社的发展。合作社并要使公众（尤其是青年和民意领导人）广泛了解合作的本质及其优越性。

⑥合作社之间的合作。合作社要最有效地为其成员服务，并通过地方、国家、地区及国际的组织结构通力协作，以加强合作运动。

⑦关心社区发展。合作社根据成员批准的政策来促进其所在社区的持续发展。

国际合作运动中有不同的合作学派，不同的理论观点，对合作社原则的侧重各有不同。根据1995年的国际合作社联盟第31届代表大会对合作社做出的最新最权威的定义，可见其对合作社原则一些新的补充和理解。

(1) 成员—使用者的所有权。合作社首先是企业，但它是由成员共同所有和民主控制的一种特殊的企业组织形式，它是使用者和服务导向的企业，它的最大特点是合作社的所有者（成员）也是合作社提供服务的使用者，二者身份同一。一般的企业以效益最大化为其主要目标，公平的职能则由政府来承担，通过国民收入再分配来实现。而合作社企业要满足成员的社会与文化的需求，还要促进其所在社区的持续发展，这说明合作社在追求效益的同时，还要兼顾公平，实际上是分担了政府的一部分职能。所以许多国家规定合作社可享受税负减免优惠，这是对其效益方面损失的一种补偿，也说明合作社企业是不同于资本控制或政府控制的企业。例如美国大部分的州立法规定，合作社最多可有50％的业务与非成员进行；但如生产资料供给合作社想根据某种联邦税法运营，它只能与非成员开展15％的业务。

（2）成员—使用者的控制权。对于民主管理原则，最普遍的理解是在基层合作社这一级投票权平等，一人一票，防止权力过分集中。但也有人主张，投票权应与利润一样，按交易额分配：与合作社交易多的成员对合作社的贡献大，担负的经济责任重，理应有更多的决策权。一人一票会使合作社决策不合理，风险承担不平等。为防止合作社决策权全部由经济实力雄厚的成员所控制，可以一人一票为基础，另增添以交易额为比例的投票数，但应有上限限制。在实践中，也有少数合作社的投票权完全按交易额分配。成员的投票权与交易额成正相关所隐含的理论观点：成员的经济利益是不均等的，向合作社交售 50 千克与交售 5 000 千克商品的成员所承担的风险和责任心都不一样。例如德国合作社的原则是一人一票，在特殊情况下可扩展到一人三票，再扩展法律就不允许了，这就保证了不管其在合作社投入多大资本，资本不能占主导地位。美国 1/4 的州允许成员可有 1 票以上（按交易额或按股份），但上限是总票数的 20％，有的上限是 3％ 或 5％，也有的限每人最多 5 票或 10 票。

在地区合作社一级，基层合作社往往不是一社一票，而是按基层社的规模（成员人数或交易额）大小来投票。

（3）关于资本报酬和公共积累问题。首先应指出，在大部分合作社中，成员都要缴入社股金，至于成员为合作社未来的发展所提供的额外资本，则可以获取利息（一般按银行利率），但不能分红（在合作社，投入的资本只是实现目的的手段）。美国的农民营销合作社大体形成了两种基本类型，一种是股份式的合作社，一种是非股份式的合作社。股份式的合作社，是指那些通过出售股份创办起来的合作社。凡是需要较多创办资金的营销组织，例如农民谷仓、奶油厂、奶酪厂，以及一部分水果、蔬菜加工、销售组织，采用的多是这种方式。这种合作社虽然实行的是股份形式，但对成员持股额、股金分红率以及股份转让权都有限制。限制股份自由转让的主要目的，是要把成员限定在利益一致的生产者范围内。非股份式的合作社，是指那些通过收取会员费、而不是出售股份创办起来的合作社。凡是不需要创办资金，或者需要创办资金不多的营销组织，例如家畜、羊毛、烟叶运销协会，还有部分水果、蔬菜协会，采用的多是这种方式。

关于合作社是否提取不可分割的公共积累，更是一个长期以来争论不休的问题。直到提交 1997 年 9 月代表大会批准的文本中，第 3 条基本原则才写明合作社的资本至少有一部分是共同财产及合作社的积累至少有一部分是不可分割的。但据了解，合作理论界仍有人认为，在合作社的集体积累中，不可分割的资产比例越大，脱离成员控制和监督的财产就越多，合作社和成员之间的距离就越远，最终的结果是成员不再关心合作社的发展。在实践中，不可分割的集体资产占合作社资产总额的比例在各国合作社之间也差别较大，高的达到80％～90％，少的仅占 2％～5％。

(4) 关于利润按交易额（惠顾额）**的比例返还给成员。**有的学者指出，"资本"是股份制度的核心，而"交易额"是合作社制度的核心（实际上是成员对合作社活动的参与程度）。交易额不仅是成员入社的必要条件，亦是合作社赖以存续的衡量指标。交易额愈多，说明成员对合作社的需求愈大，合作社愈有其存在的价值；交易额少，则说明成员对合作社的需求小；如无交易额，则说明成员可通过自助或其他渠道完成自身的交易。合作社是提供交易服务的客体。这种观点总的来说是正确的，合作社为成员提供服务，成员则通过使用服务为合作社做出贡献（如通过合作社购买生产资料、销售农产品、获取贷款，在合作社中劳动等）。显然，成员利用合作社的服务越多，对合作社的贡献就越大，理应享有较多的剩余索取权。德姆塞茨（1999）认为，经济组织的报酬制度是因，由其激励带来的生产率是果。"如果这个经济组织的计量水平很低，不能把回报和生产率紧紧挂钩，那么，生产率就会降低；如果计量水平很高，生产率就会大大提高。"埃森堡和哈内尔在 1992 年指出，合作社的经营依赖成员作为业务伙伴和顾客的惠顾，激烈的市场竞争，也要求合作社与成员保持稳固的业务关系。所以业务惠顾是成员对合作社的贡献，而交易额就是对成员惠顾贡献的准确计量。按交易额实行盈余返还也就是把"回报"和"生产率"联系起来，因此是合作社激励机制的重要组成部分，是合作社扩大市场份额、增强竞争能力的重要手段。

(5) 合作社作为一种特殊的企业组织形式，有其特定的内涵和外延。合作社的内涵即其本质属性体现于它的基本原则之中。合作社的外延是根据基本原则所确定的服务对象的范围，它包括各种类型的合作社，按功能可分为生产性合作社与服务性合作社两大类。服务性合作社包括产品销售、生产资料供给、消费及共享服务（住房、信贷、保险、公用事业）合作社等。生产性合作社主要是指工业和农业生产合作社。

从经济关系上看，合作社并非一种单一的经济形态，它可包容各种不同的经济类型。有学者曾指出过,实行合作制度的企业财产所有权关系可以是高度公有的集体产权(如工业和农业生产合作社),在另一些合作社中,成员仅贡献出自己的部分资源,将自身经济活动的某一个或某几个环节的决策权和经营权交给合作社,同时自身又未被合作社的经营及生产活动所占据,成为一种合作社集体产权与成员私有产权相结合的混合形式;还有的合作社仅是成员互助(如托儿合作社或丧葬合作社),合作社自身的资产很少。可以说,合作社体现的是生产要素的组合方式而非特定的所有制形式。

1.4.2 "新一代合作社"基本原则特征

自 20 世纪 80～90 年代以来,传统合作社在发展中国家中处于停滞状态,在社会主义国家中纷纷解体,在发达国家中面临市场困境。事实表明,无论是最初的罗虚戴尔原则,还是后来多次修改的合作社原则,都不足以适应经济发展和社会进步的要求。在此情况下,进入 90 年代以来,北美、欧盟等一些发达国家(首先是美国)出现了一系列明显的合作社变革态势,而北美地区的所谓"新一代合作社"就是典型。

关于"新一代合作社"的制度特征,大致可归纳为以下几点:

(1)传统合作社往往是以销售初级农产品为主,而新一代合作社是以创造农产品附加值为主要战略。

(2)由于实行附加值战略需要对生产和销售进行大量投资,因此农民必须承购大额股金,通常每个成员承购股金在 5 000～15 000 美元。这些钱必须事先支付,以便束缚成员和确保股本基数。

(3)股金额度与交售农产品数量相联系,一个成员必须承购与其交货量相应的股金。每一股的金额,根据原材料加工量与总投资之间的定额来计算。

(4)如果成员不能提供合同规定数量和质量标准的产品,合作社将从市场上购买这些产品,并按市场价格计入成员账户。

(5)成员资格不开放。在传统的合作社原则下,成员资格开放意味着任何一个生产者都可以通过交纳少量股金加入合作社,而且,他们向合作社出售农产品的数量不受限制。在这种情况下,合作社需要拥有足够的设施余地,以便接收额外的成员和产品,从而导致加工能力和产品供给过剩,经营效益下降。新一代合作社根据合作的经营规模确定资产总股本和接受成员的数量,并按成员投股数量确定其产品限额,因而能够保证合作社在高效益下运行。同时,成员股份在得到批准以后,可以交易。因此存在一个股份市场,它们的价值依据人们对合作社绩效的预期而变动。

（6） 由于股份是可交易的，因此整个股本具有永久性（在传统合作社中，由于成员退社自由，因此股本不稳定），这样银行就能提供条件优惠的贷款。

（7） 成员资格不开放和股份可以交易，意味着资产净值在已分配和未分配资本中的组成比例并不重要，未分配基金在交易市场上被股份价格资本化。在现实中，大部分新一代合作社并没有多少未分配的资产净值。

（8） 如果经营规模要扩大，就出售更多的股份（集资），首先是卖给已有的成员，然后再卖给其他农民。

（9） 如果在经营规模不扩大的情况下需要更多的资本（例如技术更新等），则成员被要求按其交货量比例增加股金。对农民来说，这样的额外投资是合理的，如果他们反对，那么他们的股份就会下降。

（10） 为了避免合作社被一个成员独占，有些新一代合作社对每个成员可以拥有股金数量进行限制。

（11） 利润作为惠顾者退款分配给成员。由于成员投资和交货数量成一定比例，因此红利也与成员持股成比例。几乎所有的退款都是现金支付，只留很小的数量作为储备金，甚至完全不留。

（12） 有的时候合作社也向社区出售优先股，但对优先股有利率限制，而且没有投票权。

（13） 理事会由成员在其中间选举产生，合作社实行专家管理，一切重大事项都要经过可行性研究。

新一代合作社的特征显示，它与传统的合作社已经有了本质区别，它与普通股份制企业更为接近，但仍存在三大重要差别：第一，它不仅仅是投资者所有的企业，而且同时是企业客户——农产品生产者所有的企业，投资者与客户的身份同一。第二，合作社成员持股额与农产品的交售数量相互挂钩，两者比例一定。第三，普通股份制企业中往往有一个或几个股东处于控股地位，而新一代合作社不允许少数人控股局面的形成。

1.4.3 不同地区农业合作社基本原则比较

自合作社产生 100 多年来，六大洲的许多国家，尤其是农业发达国家，农业合作社发展迅速，已经成为农村经济社会发展中不可替代的组织力量。虽然称谓不一、形式多样，但作为一种制度化的经济组织，作为农民选择形式之一的合作社，无论简单或复杂，典型或变异，都有其共同遵守、保持一致的原则和特征。而这些原则和特征就是衡量真正意义合作社的最本质特征。

借鉴前人对国际农业合作社的发展状况研究成果，对美国、德国、日本等国家和我国台湾地区具有代表性的典型农业合作社的基本原则进行比较分析，见表 1.1。

表 1.1　各国/地区农业合作社的基本原则

	成员资格限制	入退社	合作社管理	交易资格限制	成员认股	盈余分配
美国	以生产者身份从事农产品生产的人	自愿加入自由退出	一人一票	合作社每年与非成员的交易额不得超过与成员的交易额	成员认购股金	盈余按照成员对合作社的惠惠顾额返还，限制股金分红
德国	自然人，法人	自愿加入，自由退出	民主控制，一人一票		至少一股	参加盈余分红，资本回报有限
法国	自然人，法人	自愿加入，自由退出	一人一票	与非成员的交易额不能超过营业额的 20%	按预期交易量交纳股金	盈余按惠顾额返还，资本分红不超过 6%
中国台湾省	年满 20 岁或未满 21 岁有行为能力的个人及非营利法人	自愿加入，自由退出	一人一票	与非成员发生的业务量不超过与成员发生的业务量	至少一股，至多不超过股金总额的 20%	盈余按成员交易额分配，限制股金分红
日本	亲自经营农业或从事农业事业的个人，即农民	自愿加入，自由退出	一人一票	"准会员"（非成员）对农协的利用总额不得超过成员利用总额的 20%	限制出资配额	盈余分配须按照组合成员利用农事组合法人事业的数量比例或组合成员从事其使用的程度
加拿大	从合作社获得服务的个人、其他合作社和其他非合作社实体	自愿加入，自由退出	一人一票		分身份股和投资股，身份股至少一股	按照惠顾额返还，按股分红

资料来源：中国台湾合作社有关规定；全国人大农业与农村委员会代表团，法国农业合作社及对我国的启示，农村经营管理，2005 年第 4 期。

　　合作社的本质特征是出资者与惠顾者的合一，这就要求合作社在实际操作中坚持以下五项基本原则：第一，只有利用农业合作社提供的业务/服务的农民或其他非营利性组织，才有资格成为成员，且入社自愿、退社自由；第二，成员认购股份受到限制，至少一股，并设有上限（如不超过股金总额的 20%）；第三，业务量以成员为主，与非成员发生的业务量不得超过与成员发生的业务量；第四，盈余分配，以成员对合作社的惠顾额（即交易量）为标准，限制股金分红；第五，合作社实行民主管理，以"一人一票"为基础。

入社自愿、退社自由体现了参与、利用合作社的机会均等；单个成员认购股金的最高、最低限额保证了股权分散化，防止由股权集中导致的合作社为少数核心成员所控制；合作社与非成员发生业务量不得超过与成员发生的业务量，以保证合作社为成员服务、为成员所控制的性质；按惠顾额分配盈余，限制股金分红，使成员享有平等的使用合作社获益权，确保成员的获益权；"一人一票"的投票、选举制度，防止少数人控制合作社，保证其民主管理的原则。这其中决定合作社性质的核心因素是民主管理和盈余按惠顾额返还。

综上所述，我们认为，合作社应首先遵循的重要原则一是民主管理，二是剩余主要按交易额（惠顾额）返还，而解决这两个问题的关键是成员作为所有者的身份和合作社服务的使用者（惠顾者）身份二者的统一（惠顾在这里可理解为成员以各种方式对合作社做出的贡献），这是合作社与其他类型企业的重要区别，也是民主管理原则和剩余按交易额比例返还原则能否贯彻落实的基本前提。

面对国际合作社联盟提出的与世公认的合作社原则和现实经济社会进程中显著的合作社变革态势，美国和加拿大的态度与做法值得注意。

1.4.4 我国发展农民专业合作经济组织应遵循的原则

(1) 必须坚持以家庭承包经营为基础、统分结合的双层经营体制的原则。现在所倡导的农民专业合作经济组织与过去的合作化运动有着根本的区别。过去的合作化运动是把农民土地所有和家庭经营改造成土地集体所有与集体统一经营，而今天的农民专业合作经济组织的发展则是建立在农民家庭承包经营制度基础上的。这样的农民专业合作经济不仅不会动摇农民的家庭承包经营制度，反而会在新的层次和意义上，深化和完善以家庭承包经营为基础、统分结合的双层经营体制。因此，在引导和发展农民专业合作经济组织中，要坚定不移地贯彻"入社自愿、退社自由"的原则，农民加入专业合作经济组织后，不改变土地承包关系，不影响生产经营自主权和家庭财产所有权，不仅如此，还要明晰专业合作组织与合作社成员的产权关系，使专业合作经济组织得到健康的发展。

(2) 坚持以优势产业和特色产品为发展合作组织依托的原则。围绕提高农产品市场竞争力，按照区域化布局和规模化生产的要求，以有一定基础的优势产业和特色产品为依托，组织农民兴办合作社，带动更多的农民调整农业结构、发展优势产业和特色产品，进一步促进优势产业、特色产品的区域化布局、规模化生产，提高产业化经营水平和市场竞争地位，并以优势产业和特色产品来增强合作社参与市场竞争和营利能力。

（3）必须坚持"民办、民管、民受益"的合作组织原则。农民专业合作经济组织作为农民自己的组织，必须体现"民办、民管、民受益"原则。在民办上，要突出农民为主体的指导思想，尊重农民意愿，使其独立自主、进出自由地开展劳动合作、资本合作、技术合作和营销合作；在民管上，应注重"一人一票"的原则，实行民主决策、民主管理和民主监督，重大事项由成员大会讨论决定；在民受益上，要坚持专业合作经济组织对内服务不以营利为目的，通过有效服务、保护价、最低价收购或二次返利等办法，使成员享受到真正的经济实惠。

（4）必须坚持尊重农民创造性，鼓励多种形式共同发展的原则。目前，农民专业合作经济组织尚处于初期发展阶段，由于各地的自然、经济和社会条件不尽相同，在其创建和发展过程中，不宜强求统一的模式或简单地照搬国际经验，而应该因时和因地制宜，尊重农民的创造精神，鼓励大胆探索和开拓创新，积极扶持其发展，以形成多渠道、多层次、多形式的农民合作经济发展格局。

1.5　农民专业合作社的基本制度

《农民专业合作社法》已于 2006 年 10 月 31 日经第十届全国人民代表大会常务委员会第二十四次会议通过，并于 2007 年 7 月 1 日起实施；2017 年 12 月 27 日第十二届全国人民代表大会常务委员会第三十一次会议对法律作出修订和完善。《农民专业合作社法》是农业领域的基本法律之一，明确了我国农民专业合作社的基本制度，对农民专业合作组织进行规范，以规范促发展，其最新修订具有十分重大的意义。

目前，各地农民专业合作社的发展情况差距很大，不仅省区之间不平衡，同一省区内部也不平衡。当前的农民专业合作社主要有以下三种类型：一是农村能人带头组织的合作社，即由一个或几个农村能人牵头，在某一产业经营中带领农民组织专业合作社；二是由事业单位或者社会组织如供销社、科协等牵头组织的合作社；三是由龙头企业（农业公司）牵头组织的合作社。由于不同类型合作社的目标并不完全相同，其运作方式也有一定的差异。这就要求新修订的《农民专业合作社法》必须对其进行规范，但也要留有一定的空间，在发展中进行规范。具体来说，主要有以下三方面内容：

一是成员资格。在农业产业化发展过程中，社会各方面的力量都积极参与专业合作社的发展，出现了上述多种类型的合作社。但为了保证农民真正成为合作社的主人，能够有效地表达自己的意愿，《农民专业合作社法》在第十九条进行了"鼓励性的"限制，即"具有民事行为能力的公民，以及从事与农民专业合作社业务直接有关的生产经营活动的企业、事业单位或者社会组织，能够利用农民专业合作社提供的服务，承认并遵守农民专业合作社章程，履行章程规定的入社手续的，可以成为农民专业合作社的成员。但是，具有管理公共事务职能的单位不得加入农民专业合作社"。这就对当前的一些做法进行了限制。更为重要的是，《农民专业合作社法》还在第二十条规定了农民成员和企业、事业单位和社会团体成员的比例，即"农民专业合作社的成员中，农民至少应当占成员总数的百分之八十。成员总数二十人以下的，可以有一个企业、事业单位或者社会组织成员；成员总数超过二十人的，企业、事业单位和社会组织成员不得超过成员总数的百分之五"。这就从制度上降低了企业、事业单位和社会团体控制农民专业合作社的可能性。

二是决策制度。自合作社诞生以来，民主决策就是其代表性制度。《农民专业合作社法》充分吸收了合作社160多年的发展经验，在第二十二条第一款规定："农民专业合作社成员大会选举和表决，实行一人一票制，成员各享有一票的基本表决权。"同时考虑到北美国家的"新一代合作社"的出现和对资金给予更大权利的发展趋势，以及在我国农村资金是最缺乏生产要素的现实，在第二款对出资较大或在其他方面对合作社贡献较大的成员的权利给予了一定程度的保障，即"出资额或者与本社交易量（额）较大的成员按照章程规定，可以享有附加表决权。本社的附加表决权总票数，不得超过本社成员基本表决权总票数的百分之二十。享有附加表决权的成员及其享有的附加表决权数，应当在每次成员大会召开时告知出席会议的全体成员"。

三是分配制度。合作社是一种特殊的组织，它通过对外经济活动中的盈利来实现对内部成员的服务，并且这种服务是按照成本提供的。因此，严格地讲，合作社的利润是相对概念，如果在一个会计年度出现了盈余，那可以被理解为多收了成员的费用或少付了成员应得收益，合作社也多会选择将可分配盈余返还给成员。国内外的一些合作社限制资金的分红利率（如有的合作社规定资金分红利率不高于同期存款利率等）就是基于这一考虑。但也应该看到，在日趋激烈的市场环境下，盈利不仅仅是合作社成员接受服务或提供产品的数量贡献，在很大程度上还是资金和合作社领导人智慧（人力资本）的贡献。按照《农民专业合作社法》第四十四条规定："在弥补亏损、提取公积金后的当年盈余，为农民专业合作社的可分配盈余。可分配盈余主要按照成员与本社的交易量（额）比例返还。可分配盈余按成员与本社的交易量（额）比例返还的返还总额不得低于可分配盈余的百分之六十；返还后的剩余部分，以成员账户中记载的出资额和公积金份额，以及本社接受国家财政直接补助和他人捐赠形成的财产平均量化到成员的份额，按比例分配给本社成员。经成员大会或者成员代表大会表决同意，可以将全部或者部分可分配盈余转为对农民专业合作社的出资，并记载在成员账户中。具体分配办法按照章程规定或者经成员大会决议确定。"

1.6　农民专业合作社的作用与地位

合作社经济上的优越性具体体现在：可以较好地为农户解决产前、产中、产后的问题。对中国来说，农民专业合作组织还是一个新生事物，而在西方市场经济发达国家早已成功运行了 100 多年，世界农业合作经济组织发展一个半世纪的实践证明，"家庭经营＋发达的合作社体系"是农业生产经营最为有效的组织模式。它能很好地克服"小规模、分散化"家庭经营的弊端，解决"小生产、大市场"的矛盾，既促进了农业的现代化，又很好地实现农户自身的利益，并且还在这些国家的经济生活中大都扮演着非常重要和活跃的角色。在我国的农业社会化服务体系中，农民专业合作社也有着明显的优势地位，主要体现在：

第一，针对"卖低买高"，联合购买、联合销售。中国农村经济发展的一项战略性的举措是引导农民根据市场需求调整结构，但是在发挥不同地区农业生产比较优势的问题尚未解决、农业生产合理的区域布局尚未形成的大背景下，调整农业生产结构的难度较大。这其中之一是市场信息和销售渠道问题。在结构调整中农民最关心的是种什么，种多少，卖到哪里，卖给谁，能否卖个好价钱。但恰恰在市场信息和销售渠道这一关键问题上地方政府和农民往往束手无策，或是跟着感觉走，或是无路可走。主要是因为：①由农业生产和农产品的特性所决定，无论是在生产要素的购买还是农产品的销售上，中国两亿多分散的小农户在市场中都处于不利的地位。在农产品的销售上存在着买方垄断，在农用生产资料的供给上又存在着卖方垄断。②信息不对称，一个有效的市场取决于企业能否及时取得生产、销售及购买所需的信息，主要是商品的价格信息。但分散的小农户很难得到完整、准确、及时的市场信息，而且市场上存在着对农民的信息垄断，一些为农业提供服务及生产资料或购买农产品的人为了自身利益故意隐瞒信息，不告诉农民实情。这种信息不对称造成资源分布的扭曲，增加了农民生产、购买及销售的盲目性。在市场信息不灵、销售渠道不畅的欠发达地区，小面积示范试种的新品种一般不愁销路，一旦大面积推开，销路就是大问题。

第二，合作社在生产的全过程通过提供信息和技术服务使农户能顺利地与市场对接。首先，农业合作经济组织有利于降低农户学习、使用技术的成本。农业合作经济组织以组织的名义聘请技术专家进行指导，只要参与的农户就可以受益，不用再支付额外的学习费用。或者农业合作经济组织中的技术能人向组织中其他成员传授技术，也会节约农户学习技术的成本。其次，农业合作经济组织有利于增加农民采纳新技术的渠道。目前农业合作经济组织的具体形式多种多样，其中专业技术协会的主要任务是为成员提供先进的技术，而合作社等类型的组织为了提高产品质量也需要成员使用统一的生产技术。因此农业合作经济组织有利于增加农民采纳新技术的渠道。再次，农业合作经济组织有利于提高技术使用的效率、降低农业技术推广的成本。有些技术的使用具有外部效应，一家使用这类技术会惠及周边农户，或者不使用这类技术的农户会影响到使用技术农户的效率。最后，农业合作经济组织有利于提高农户使用技术的积极性、降低农户投资新技术的风险。农户在使用新技术时，往往受到其他村民的影响。看到其他村民使用新技术后确实起到了效果，收入提高了，他们才会安心使用新技术。

第三，获取规模收益，规模经济。合作社提供了一种制度手段使分散的个人联合起来组成自助的团体。如农民合作社使分散的农户在保持独立的财产主体和经营主体的前提下，通过农产品的集体销售或农业投入品的集体购买等交易环节上的联合，降低单位农产品的销售成本或单位农用投入品及服务的购买成本，实现产前和产后的规模经济。合作社还通过地区和全国一级的组织结构为基层合作社提供共同的服务并创造收入。合作社发展到一定阶段，则应有地区一级的合作社以及全国性的组织体系，这也是一种规模。农民在地区或全国有自己的代言人，可减少交易费用，同时具有某种共性的农民在较高层次组织起来，可占有较大的市场份额，对市场信息的了解及对市场的预测也将更容易。

第四，新合作社经济能够拓宽农民收入增长点。农产品的价格，应包括以下几方面：农产品标准化、分级、（品牌商标）包装、贮藏、保鲜、运输、加工等，这些环节和由此带来的收入，都应属于农民的收入，应由农民自己来完成。没有新合作社经济，在农户分散状态下，是无法组织联合生产、组织农产品标准化生产的，更谈不上以后需要大量资本和社会分工协作才能完成的增值收入。农民通过分散的经营方式，将自己的积累和剩余资金献给了国家，献给了城市，献给了工商企业。这样下去，不仅农民生活无法保障，农村难以稳定，而且会造成农业风险；同时农民购买力不足，城市工业产品也难以下乡，会导致工厂产品积压，城市工厂开工不足，工人失业下岗，形成经济危机，造成国民经济困难局面。通过新合作社经济将农民组织起来，就是将农民的资金、劳动力、土地、市场组织起来了，这样农民通过合作社就有钱办自己的农产品加工厂，再用自己的市场培育和带动自己的工厂，农产品各个环节的增值收入就会留在农村，返还农民。农民增收了，就会拉动城市工业产品下乡，形成国民经济良性循环，保持国民经济快速健康发展，全面推进小康社会建设。

综上所述，农民合作组织作为农户自己的组织，在农业社会化服务体系中具有基础性作用和明显的优势，主要可归纳为以下三点：

(1) 在生产要素的购买和农产品的销售上实行联合购买、联合销售，有效降低、减少交易成本，并且减少不确定性和规避市场风险，从而获取产前、产后的规模收益，规模经济。

(2) 在科技推广过程中，合作社作为农户的新型组织载体，在生产的全过程通过提供信息和技术服务使农户能顺利地与市场对接（主要体现在良种、化肥、农药、饲料、防疫、种养管理技术及新品种引进的售后服务等方面）。

(3) 农民（初级产品生产者）通过合作社企业，参与产后的加工、营销等经营活动，获取或分享二三产业的增值利润，保障初级产品生产者的经济利益（农产品标准化、分级、品牌商标、包装、贮藏、保鲜、运输、加工等）。

1.7　农民专业合作社的发展方向

农民专业合作社的未来发展方向：①增强经营服务功能，提高可持续发展能力。引进新品种、新技术，购置加工、贮藏、运销设施、设备，建立信息网络等，增强合作组织的综合服务能力和可持续发展能力。②强化品牌和精品意识。大部分农民专业合作组织都要进行质量认证和商标注册，使其产品质量和信誉普遍提高，提高其市场开拓能力，培育主导产业和特色产品，提升农产品质量安全水平，提高农民组织化程度。③培育主导和特色产业，提升农业产业化经营水平。以主导产业、特色产业为依托，建立生产基地，通过组织内部的资金、技术、生产、加工、销售、信息等多种要素的开发整合，延伸产业链，做大做强各自产业，带动周边农户积极参与产业发展，使得组织实力不断增强，产业化经营规模和经营水平不断提高，最终带动主导产业和特色产业的发展。

第2章 农民专业合作社的设立和登记

关于农民专业合作社设立和登记的有关规定，总体体现了简便易行、方便农民和扶持发展的原则。为了进一步规范发展，新修订的《农民专业合作社法》对成员出资方式、章程应载明内容、年报制度及合作社对外投资等进行了具体明确，进一步凸显了法律对农民专业合作社及成员权益的保护作用。

2.1 设立农民专业合作社应具备的条件

《农民专业合作社法》第十二条规定了农民专业合作社的设立条件：（1）有5名以上符合《农民专业合作社法》第十九条、第二十条规定的成员；（2）有符合《农民专业合作社法》规定的章程；（3）有符合《农民专业合作社法》规定的组织机构；（4）有符合法律、行政法规规定的名称和章程确定的住所；（5）有符合章程规定的成员出资。

2.1.1 成员资格要求

（1）成员资格的基本要求。农民专业合作社的成员可分为自然人成员和单位成员。自然人成员包括农民成员和非农民成员。具有管理公共事务职能的单位不得加入农民专业合作社。

法律规定，具有民事行为能力的公民，以及从事与农民专业合作社业务直接有关的生产经营活动的企业、事业单位或者社会组织，能够利用农民专业合作社提供的服务，承认并遵守农民专业合作社章程，履行章程规定的入社手续的，可以成为农民专业合作社的成员。允许企业、事业单位或者社会组织加入农民专业合作社，主要是考虑到：农民属于弱势群体，受经济条件和文化水平的限制，他们对市场不够敏感，资金和技术缺乏，生产和销售信息也不畅通，吸收企业、事业单位或者社会团体入社，有利于发挥它们资金、市场、技术和经验上的优势，提高合作社生产经营水平和抵御市场风险的能力，同时也可以方便生产资料的购买和农产品的销售，增加农民收入。对于企业、事业单位或者社会组织而言，加入合作社，可以使它们降低生产成本、稳定原料供应基地，促进产品的标准化生产，实现生产、加工、销售的一体化，最终实现共赢。

这里讲的"企业、事业单位或者社会组织"，限定在从事与农民专业合作社业务直接有关的生产经营活动的单位。《农民专业合作社法》第十九条明确规定，具有管理公共事务职能的单位不得加入农民专业合作社。如经管站、农业植保站、农业技术推广站、畜牧检疫站、农机监理站以及卫生防疫站、水文检测站等都是具有管理公共事务职能的单位。《农民专业合作社法》排除了具有管理公共事务职能的单位成为农民专业合作社成员的可能性，是因为这些单位面向社会提供公共服务，保持中立性与否将影响公共管理和公共服务的公平。例如，某乡的兽医站在公众服务和经营性职能没有分开之前加入了某个奶牛合作社，该合作社就有可能比其他合作社和那些没有入社的本辖区农民获得优先服务，如免疫，这样就违背了兽医站依法依据其职责提供服务的义务，对本地其他奶农而言是不公平的。同时，企业、事业单位或者社会组织的分支机构也不得作为农民专业合作社的成员。

根据国家工商行政管理总局（以下简称国家工商总局）2008年6月6日文件《关于村民委员会是否可以成为农民专业合作社单位成员等问题的答复》（工商个函字〔2008〕156号）明确规定，村民委员会不能成为农民专业合作社单位成员。因为《村民委员会组织法》第二条规定：村民委员会是村民自我管理、自我教育、自我服务的基层群众性自治组织，办理本村的公共事务和公益事业。因此，村民委员会具有管理公共事务的职能。

（2）成员比例要求。 农民专业合作社的成员数量要求必须在5人以上。农民至少应当占成员总数的80%。成员总数20人以下的，可以有一个企业、事业单位或者社会组织成员；成员总数超过20人的，企业、事业单位和社会组织成员不得超过成员总数的5%。

这就意味着，农民专业合作社成员数量的最低限额是5名，其中农民成员数量的最低限额是4名。成员比例的规定既保证农民专业合作社成员以农民为主体，又可以吸纳非农民成员和企业、事业单位及社会组织成员。

（3）成员资格的证明。 农民成员应当提交农业人口户口簿复印件，因地方户籍制度改革等原因不能提交农业人口户口簿复印件的，可以提交居民身份证复印件，以及土地承包经营权证复印件或者村民委员会出具的身份证明。非农民成员应当提交居民身份证复印件。企业、事业单位或者社会组织成员应当提交其登记机关颁发的企业营业执照或者登记证书复印件。根据《农民专业合作社法登记管理条例》规定，国有农场、林场、牧场、渔场等企业中实行承包租赁经营、从事农业生产经营或服务的职工兴办农民专业合作社的，视为农民成员，应当提供居民身份证和承包租赁经营合同或者所在农场、林场、牧场、渔场等出具的职业证明作为成员身份证明。

2.1.2　章程基本要求

设立农民专业合作社必须有章程。章程是农民专业合作社成员之间合作的基础性文件，由全体设立人根据其宗旨目标，共同研究制定的根本性的规章制度和行为准则，是全体设立人共同意志的充分体现，在农民专业合作社的运行中具有极其重要的作用。章程所记载的事项，可以分为必备事项和任意事项。必备事项是法律规定在农民专业合作社章程中必须记载的事项，或称绝对必要事项，由《农民专业合作社法》第十五条做出了具体规定。任意事项是由农民专业合作社自行决定是否记载的事项。章程得到一致通过，表明章程的制定取得了全体设立人的一致意见，是全体设立人的共同意思表示，体现了全体设立人的共同意志。

2.1.3　组织机构要求

农民专业合作社通常由以下几个组织机构组成：

（1）成员大会。 它是合作社的最高权力机构。成员总数超过 150 人的，可以根据章程规定设立成员代表大会，由成员代表大会行使成员大会职权。合作社的发展战略决策、理事（长）、执行监事、监事会成员的选举、分配方案及合作社章程制订和修改等重大事项，都要经过成员大会或成员代表大会讨论、投票表决通过。

（2）理事会。 理事会是合作社的执行机构，对成员（代表）大会负责，成员（代表）大会讨论通过的合作社重要决策通过理事会来贯彻执行，合作社的重大事项由理事会提出决策建议后，交成员（代表）大会讨论决定，理事会根据章程规定，聘用经理等经营管理人员。

（3）监事会。 农民专业合作社可以设执行监事或者监事会（理事长、理事、经理和财务会计人员不得兼任监事）。监事会是合作社的监督机构，由成员大会直接选举产生，代表全体成员监督检查合作社的账务及理事会的工作，并向成员（代表）大会报告。

（4）经营机构。 指经营管理层和业务机构。经理对理事长或者理事会负责，具体负责合作社的日常经营管理业务，将理事会制定和成员（代表）大会通过的决策贯彻到日常经营工作中，制订具体的工作方案，并加以实施。理事长或者理事也可以兼任经理。

（5）业务机构。 通常由财务审计部、生产技术部、市场营销部和基地开发部等组成。对于规模较小的专业合作社，可以不设立业务机构，只设业务人员担任相应的业务工作。经营机构的设置可由理事会根据章程决定。

2.1.4 名称的要求

农民专业合作社作为法人，与自然人一样，是权利义务关系的主体，应当有自己的名称，以便于明确主体的标志和权利义务的归属。农民专业合作社名称在设立登记时作为登记事项之一，在经过登记机关登记后，就成为农民专业合作社的法定名称，它是该农民专业合作社区别于其他农民专业合作社以及其他组织的标志。

农民专业合作社名称依次由行政区划、字号、行业、组织形式组成。名称中的行政区划是指农民专业合作社住所所在地的县级以上（包括市辖区）行政区划名称。名称中的字号应当由 2 个以上的汉字组成，不得使用县级以上行政区划名称作字号。名称中的行业用语应当反映农民专业合作社的业务范围或者经营特点。名称中的组织形式应当标明"专业合作社"字样。名称中不得含有"协会""促进会""联合会"等具有社会团体法人性质的字样。组织形式标明"专业合作社"字样，主要是为了区别于其他类型农民合作组织的名称，也区别于各类企业的名称，有利于公众识别农民专业合作社这类市场主体。

农民专业合作社只准使用一个名称，在登记机关辖区内不得与已登记注册的同行业农民专业合作社名称相同。经登记机关依法登记的农民专业合作社名称受法律保护，该农民专业合作社在规定的范围内享有其名称的专用权。农民专业合作社名称未经登记机关核准，不得擅自变更。

2.1.5 住所的要求

农民专业合作社的住所是指经登记机关依法登记的农民专业合作社的主要办事机构所在地。农民专业合作社的住所经登记机关依法登记后，具有法律效力。它是法律文书的送达地，是向社会公示的内容之一。

从农民专业合作社的组织特征、交易特点出发，不必苛求其要有一个专属于自身的法定场所，只要是章程确定的住所，即使是某个成员的家庭住址也可以登记为其住所地。农民专业合作社可以有多个办事机构或者经营场所，但农民专业合作社的住所只能有一个，且应当是农民专业合作社的主要办事机构所在地。农民专业合作社必须对其住所的场所享有所有权或者使用权。

农民专业合作社的住所应当在其登记机关的辖区内，这是登记机关对该农民专业合作社进行登记管理的依据。农民专业合作社的住所经登记机关依法登记后，具有法律效力。农民专业合作社的住所未经登记机关核准，不得擅自变更。

2.1.6　关于成员出资的规定

成员出资及出资总额是农民专业合作社登记管理最关键的一个问题。《农民专业合作社登记管理条例》（以下简称《条例》）对农民专业合作社成员出资种类、出资认定方式以及成员出资总额做出原则性规定。明确成员的出资通常具有两个方面的意义：一是以成员出资作为组织从事经营活动的主要资金来源，二是明确合作社对外承担债务责任的信用担保基础。《农民专业合作社法》规定成员是否出资以及出资方式、出资额均由章程规定。

（1）农民专业合作社成员出资的种类。农民专业合作社成员可以用货币出资，也可以用实物、知识产权、土地经营权、林权等可以用货币估价并可以依法转让的非货币财产以及章程规定的其他方式作价出资，不得以劳务、信用、自然人姓名、商誉、特许经营权或者设定担保的财产等作价出资。成员不得以对该社或者其他成员的债权，充抵出资；不得以缴纳的出资，抵消对该社或者其他成员的债务。

（2）农民专业合作社成员出资的认定方式。农民专业合作社的成员以非货币财产出资的，由全体成员评估作价。这一规定与《公司法》"股东缴纳出资后，必须经依法设立的验资机构验资并出具证明"的规定截然不同；与新的《合伙企业法》"需要评估作价的，可以由全体合伙人协商确定，也可以由全体合伙人委托法定评估机构评估"的规定也有所区别。农民专业合作社的出资认定的制度与公司及企业法人的注册资本验资制度相比，成本很低，简便易行，有利于促使农民专业合作社在最简便的资产基础上尽快建立起来，从而促进农民专业合作社发展。

（3）农民专业合作社的成员出资总额。成员的出资额及出资总额应当以人民币表示。成员出资额之和为成员出资总额。成员出资总额是农民专业合作社的登记事项，在一定程度上反映农民专业合作社的出资规模。《农民专业合作社法》第十八条规定，农民专业合作社可以依法向公司等企业投资，以其出资额为限对所投资企业承担责任。

（4）成员出资清单。申请设立农民专业合作社，应当向登记机关提交成员出资清单。成员出资清单应当载明成员的姓名或名称、出资方式、出资额以及成员出资总额，并经全体出资成员签名、盖章予以确认。填写的注意事项：①出资方式：农民专业合作社成员以货币作为出资的填写"货币"。以实物、知识产权、土地经营权、林权等可以用货币估价并可以依法转让的非货币财产作为出资的，填写非货币财产的具体种类，如房屋、农业机械、注册商标等。②出资额是成员以货币出资的数额，或者成员以非货币财产出资由全体成员评估作价的货币数额。③成员出资额之和为成员出资总额。④出资成员是自然人的由其签名，是单位的由其盖章。单位盖章可以加盖在出资清单的空白处。

对农民专业合作社提交的成员出资清单材料内容齐全、符合法定形式的，登记机关以出资清单载明的成员出资总额的人民币数额，核定农民专业合作社的成员出资总额。

2.2 设立登记农民专业合作社的步骤和程序

依法登记是农民专业合作社开展生产经营活动并获得法律保护的必要条件。成立农民专业合作社，应当有 5 名以上成员，有符合《农民专业合作社法》规定的章程和组织机构，有确定的住所，有符合章程规定的成员出资。具备这些条件后，根据《农民专业合作社法》第十六条规定，设立农民专业合作社，就可以向当地市场监督管理部门办理登记手续。《农民专业合作社法》第十六条还规定，农民专业合作社登记办法由国务院规定，并明确办理登记不得收取费用。

2.2.1 召开设立大会

根据《农民专业合作社法》规定，设立农民专业合作社应当召开由全体设立人参加的设立大会。设立时自愿成为该农民专业合作社成员的人，即为设立人，参加设立大会。召开设立大会的目的，就是为了决定设立农民专业合作社的有关事项，以使农民专业合作社能够及时登记，依法成立。

（1）设立大会的召开与参加人。召开设立大会，应当在设立大会召开之前的一定期限内，将举行设立大会的日期、议程等事项，及时通知所有设立人，以使设立人按期参加设立大会。在通知确定的日期举行设立大会时，应当对出席设立大会的设立人进行核对，确认其设立人资格。需要注意的是，设立大会必须由全体设立人参加，方可举行。设立人是自然人，无法出席会议的，可以委托他人出席，但应当向设立大会提交书面委托书；设立人是法人等组织的，出席人应当向设立大会提交其授权出席的书面证明。

（2）设立大会的职权。设立大会行使三项职权：一是通过章程。设立大会的一项主要职权，就是通过农民专业合作社章程，即制定章程。法律特别明确地规定，农民专业合作社章程应当由全体设立人一致通过，即全体设立人全部同意，方为通过。二是选举产生理事长、理事、执行监事或者监事会成员。三是审议其他重大事项。主要是指设立大会对农民专业合作社设立过程中的一些关系重大、涉及全体设立人权益的事项，如设立费用等，进行审议。

2.2.2　设立登记申请

(1) 农民专业合作社的登记机关。《农民专业合作社法》明确规定农民专业合作社的登记机关是市场监督管理部门。各级市场监督管理部门要及时、定期向同级地方党委、政府报告农民专业合作社登记管理的有关情况，并将合作社的登记信息通报同级农业等有关部门。农民专业合作社应当按照国家有关规定，向登记机关报送年度报告，并向社会公示。

(2) 农民专业合作社的登记管辖。农民专业合作社的登记管辖是农民专业合作社应当由哪一个登记机关实施登记的制度。依据《条例》的规定，农民专业合作社的登记采取了地域登记管辖，即由合作社住所所在地的县级市场监督管理部门、直辖市的区县市场监督管理部门负责本辖区内农民专业合作社的登记管理工作。国务院市场监督管理部门主管全国的农民专业合作社登记管理工作，主要是制定有关农民专业合作社登记管理的规定及制度。

(3) 农民专业合作社的登记事项。农民专业合作社的登记事项是指设立农民专业合作社时，需要经过登记机关依法登记的基本项目。农民专业合作社的登记事项包括名称、住所、成员出资总额、业务范围、法定代表人姓名。

申请设立农民专业合作社，应当由全体设立人指定的代表或者委托的代理人向登记机关提交下列文件：

①设立登记申请书；

②全体设立人签名、盖章的设立大会纪要；

③全体设立人签名、盖章的章程；

④法定代表人、理事的任职文件和身份证明；

⑤载明成员的姓名或者名称、出资方式、出资额以及成员出资总额，并经全体出资成员签名、盖章予以确认的出资清单；

⑥载明成员的姓名或者名称、公民身份证号码或者统一社会信用代码和住所的成员名册，以及成员身份证明；

⑦能够证明农民专业合作社对其住所享有使用权的住所使用证明；

⑧全体设立人指定代表或者委托代理人的证明；

需要特别注意的是，农民专业合作社向登记机关提交的出资清单，只要有出资成员签名、盖章即可，无需其他机构的验资证明。

2.2.3 领取营业执照

(1) 获得营业执照的申请期限。《农民专业合作社法》对登记机关受理登记后的时间做出了明确限制，即登记机关应当自受理登记申请之日起 20 日内办理完毕，向符合登记条件的申请者颁发营业执照。这里的登记申请，包括了设立登记、变更登记和注销登记等，即从登记机关受理登记申请之日起开始计算，所有的登记工作应当在 20 个工作日内办理完毕。

(2) 农民专业合作社营业执照的样式与内容。根据《市场监管总局关于启用新版营业执照的通知》（国市监注〔2018〕253 号）的规定，自 2019 年 3 月 1 日起，经登记机关准予设立、变更登记以及补发营业执照的各类市场主体均颁发新版营业执照。新版营业执照照面版式统一调整为横版，均设有正本和副本。正本尺寸为 297mm（高）×420mm（宽），副本内芯尺寸为 210mm（高）×297mm（宽）。副本配套发放封皮，副本封皮尺寸为 225mm（高）×310mm（宽）。正副本照面按照《营业执照印制标准（2019 年版）》印制国徽、边框、标题（营业执照）、国家企业信用信息公示系统网址、登记机关公章、年月日、国家市场监督管理总局监制等内容。正副本照面按照《营业执照打印标准（2019 年版）》打印统一社会信用代码及号码、记载事项名称及内容、二维码等内容，其中副本照面加打年报提示语。

(3) 民族自治地区的营业执照样式。按照《民族区域自治法》的有关规定，民族自治地区的营业执照样式和内容同上，其内容可以加印相应的少数民族文字。清样由自治区市场监督管理局制定，报国务院市场监督管理部门审批。民族自治地区已经按照《工商总局关于启用新版营业执照有关问题的通知》（工商企字〔2014〕30 号）要求由省（自治区）工商局报原国家工商总局批准并备案的，可以在新版营业执照上同时使用本民族文字。未报原国家工商总局批准并备案的，应当由省（自治区）市场监管部门报市场监督管理总局（以下简称市场监管总局）批准并备案后，方可同时使用少数民族文字。

2.3 农民专业合作社办理登记的注意事项

2.3.1 有关事项登记的必要性

登记机关对农民专业合作社的登记管理，主要是对农民专业合作社的登记事项的审查、登记和监督管理。登记机关通过审查登记事项，了解农民专业合作社的基本情况和设立条件，做出是否准予登记的决定。经登记机关依法登记的登记事项，也是登记机关对农民专业合作社进行日常监督管理的依据；经登记的农民专业合作社登记事项是农民专业合作社享有民事权利、承担民事责任的基本依据；经登记的农民专业合作社登记事项是社会、公众和有关部门、组织了解农民专业合作社的基本情况，与之进行经济往来和实现各类监督的重要依据。未经依法登记的，不得以农民专业合作社名义从事经营活动。

2.3.2　保证登记材料的真实性

（1）**登记欺诈行为的主要表现。**农民专业合作社虚假登记、提供虚假材料等欺诈行为有两种表现形式：一种是农民专业合作社向登记机关提供虚假登记材料或者采取其他欺诈手段取得登记的；另一种是农民专业合作社在依法向有关主管部门提供的财务报告等材料中，作虚假记载或者隐瞒重要事实的。前一种情况是为了向登记机关骗取登记，后一种情况是在向有关主管部门的报告中作虚假记载或者隐瞒重要事实。

（2）**登记欺诈行为的法律责任。**对农民专业合作社向登记机关提供虚假登记材料或者采取其他欺诈手段取得登记的行为，由登记机关责令改正，合作社如果改正其违法行为就不再受处罚；实施以上行为情节严重的，由登记机关撤销登记。提供虚假登记材料是指故意向登记机关提供虚假的设立、变更合作社的登记申请书、章程、法定代表人或理事的身份证明等文件。采取其他欺诈手段是指采用除提供虚假登记材料以外的其他隐瞒事实真相的方法欺骗登记机关的行为。对于上述两种违法行为的认定都要考虑是否出于当事人的故意，并以骗取登记为目的。

对农民专业合作社在依法向有关主管部门提供的财务报告等材料中，作虚假记载或者隐瞒重要事实的行为，依照相关法律追究民事、行政和刑事责任。

2.3.3　登记事项变更

《农民专业合作社法》明确规定了农民专业合作社法定登记事项变更的，应当申请变更登记。农民专业合作社法定登记事项变更，主要是指名称、住所、成员及成员出资情况、业务范围、法定代表人等事项发生变动。《农民专业合作社登记管理条例》进一步作出规定，农民专业合作社法定登记事项及章程发生变更的，应当自变更决议作出之日起三十日内向原登记机关申请变更登记。这些登记事项都是对农民专业合作社的存在和经营影响很大的事项，直接影响着交易活动的正常开展和交易相对方的合法权益。如果农民专业合作社没有按照有关登记方法和规定进行变更登记，则须承担由此产生的法律后果。除法定变更事项外，合作社可以根据自身发展需要和情形对相关登记事项进行变更，以保证自身的正常发展以及维护交易相对人的知情权。

农民专业合作社申请变更登记，应当向登记机关提交下列文件：①法定代表人签署的变更登记申请书；②成员大会或者成员代表大会做出的变更决议；③法定代表人签署的修改后的章程或者章程修正案；④法定代表人指定代表或者委托代理人的证明。

2.4 如何指导农民专业合作社制定章程

加入农民专业合作社的成员必须遵守农民专业合作社章程。农民专业合作社章程是农民专业合作社在法律法规和国家政策规定的框架内，由本社的全体成员根据本社的特点和发展目标制定的，并由全体成员共同遵守的行为准则。制定章程是农民专业合作社设立的必要条件和必经程序之一。必须经全体设立人一致通过，才能形成章程。章程应当采用书面形式，全体设立人在章程上签名、盖章。

2.4.1 制定农民专业合作社章程的意义

(1) 书面表达合作社成员共同意志。农民专业合作社作为由成员共同出资组成的一个联合体，特别是在成员人数较多的情况下，成员之间需要对合作社的组织和行为规范有共同的约定，形成共同意志，对合作社、成员、理事长、理事、执行监事或者监事会成员具有约束力。

(2) 规范合作社的行为。农民专业合作社是以农民为主体的互助经济组织，对外需要开展经营追求盈利，对内需要提供统一服务。因此，在激烈的市场竞争中，必须有适合其自身特点的章程、制度和运营机制。合作社是在章程不断完善、制度不断规范、运营机制不断创新中发展壮大的。

(3) 对外说明基本情况。农民专业合作社作为独立的法人，依法设立以后需要开展生产经营活动，要与社会产生联系，这就需要向外界说明合作社的基本情况，如业务范围、成员构成、组织体制等。而制定合作社章程，并通过适当方式予以公布，让社会知道，有利于社会公众了解农民专业合作社。

2.4.2 农民专业合作社章程的主要内容

根据《农民专业合作社法》第十五条规定，农民专业合作社章程应当载明下列事项：

（1）名称和住所；

（2）业务范围；

（3）成员资格及入社、退社和除名；

（4）成员的权利和义务；

（5）组织机构及其产生办法、职权、任期、议事规则；

（6）成员的出资方式、出资额，成员出资额的转让、继承、担保；

（7）财务管理和盈余分配、亏损处理；

（8）章程修改程序；

（9）解散事由和清算办法；

（10）公告事项及发布方式；

（11）附加表决权的设立、行使方法和行使范围；

（12）需要载明的其他事项。

农民专业合作社在制定章程时，可参考 2018 年 12 月 17 日农业农村部发布的《农民专业合作社示范章程》，但必须从本社实际出发，科学制定，并取得全体成员的一致认可。

2.4.3　农民专业合作社的业务范围

农民专业合作社的业务范围是指经登记机关依法登记的农民专业合作社所从事的行业、生产经营的商品或者服务项目。农民专业合作社的业务范围应当由农民专业合作社全体设立人在法律、行政法规允许的范围内确定，由农民专业合作社的章程规定并经登记机关依法登记。农民专业合作社的业务范围经登记机关依法登记后具有法律效力，它直接决定并反映农民专业合作社的权利能力和行为能力，农民专业合作社要严格遵守，不得擅自超越或者随意改变。

农民专业合作社的业务范围以农村家庭承包经营和围绕承包经营活动开展服务。登记机关应当按照下列原则核定农民专业合作社的业务范围：对申请人根据其章程提出的申请，依据《农民专业合作社法》和条例的有关规定核定其业务范围，如组织采购、供应成员所需的农业生产资料；开展农产品的生产、销售、加工、运输、贮藏以及其他相关服务；农村民间工艺及制品、休闲农业和乡村旅游资源的开发经营；引进新技术、新品种，开展与农业生产经营有关的技术培训、技术交流和信息咨询服务等。涉及登记前置许可的经营项目，如种子经营、粮食收购、种畜禽生产经营、饲料及饲料添加剂生产、棉花加工等，应当按照国家有关部门许可或者审批的经营项目核定业务范围。不涉及登记前置许可的经营项目，根据申请人的申请，还可以参照国民经济行业分类标准的中类或者小类核定业务范围。

2.4.4 农民专业合作社的法定代表人

农民专业合作社的法定代表人是指代表农民专业合作社行使职权的负责人。农民专业合作社理事长为农民专业合作社的法定代表人。农民专业合作社理事长依法由农民专业合作社成员大会从本社成员中选举产生，依照《农民专业合作社法》和章程行使职权，对成员大会负责。农民专业合作社的成员为企业、事业单位或者社会组织的，企业、事业单位或者社会组织委派的代表经农民专业合作社成员大会依法选举，可以担任农民专业合作社理事长。《农民专业合作社法》第三十七条规定："农民专业合作社的理事长、理事、经理不得兼任业务性质相同的其他农民专业合作社的理事长、理事、监事、经理。"第三十八条规定："执行与农民专业合作社业务有关公务的人员，不得担任农民专业合作社的理事长、理事、监事、经理或者财务会计人员。"

第3章　农民专业合作社内部管理

规范农民专业合作社内部管理，完善内部制度，是有效保障成员合法权益的必然要求，是促进农民专业合作社实现持续健康发展的关键。遵循合作社的基本原则，搞好农民专业合作社内部管理，需要从建立符合合作社原则要求的管理体制、提高人力资源管理水平、加强财务管理和资产管理等环节入手。

3.1　如何指导农民专业合作社健全组织机构

根据组织机构在农民专业合作社中所处的地位和作用，农民专业合作社的组织机构可以分为权力机构、执行机构和监督机构三种。权力机构是指农民专业合作社成员大会（成员代表大会），执行机构是指理事长或理事会，监督机构是指执行监事或监事会。

3.1.1　如何设置农民专业合作社的组织机构

《农民专业合作社法》第四章规定了农民专业合作社的组织机构。根据该章规定，农民专业合作社通常可以有以下机构，即成员大会、成员代表大会、理事长或者理事会、执行监事或者监事会、经理等。因为农民专业合作社的规模不同、经营内容不同，设立的组织机构也并不完全相同。农民专业合作社组织机构设置必须体现合作社治理的相关理念。具体而言：

（1）目标一致性原则。这一原则要求组织机构设置必须有利于农民专业合作社目标的实现。任何一个合作社成立，都有其宗旨和目标，因而，合作社中的每一部分都应该与既定的宗旨和目标相关联。否则，就没有存在的意义。每一机构根据总目标制定本部门的分目标，而这些分目标又成为该机构向其下属机构进行细分的基础。这样目标被层层分解，机构层层建立，直至每一个人都了解自己在总目标的实现中应完成的任务。这样建立起来的组织机构才是一个有机整体，为总目标的实现提供了保证。

（2）制衡控制权原则。由于农民专业合作社经营控制权通常由理事代理行使，因此，为了维护成员权利，必须制衡控制权。对控制权进行制衡，应当坚持激励与约束并重。因此制衡控制权原则可以分解为两项具体原则：其一，约束原则。对控制权的约束主要体现在成员大会或成员代表大会对理事、理事会的约束，如成员大会或成员代表大会对理事的任免、对理事会重大经营方案的批准等；监督机关（一般称之为监事会）对理事、理事会进行监督约束。其二，激励原则。激励机制是一种权、责、利相结合的制度，通过激励契约对拥有合作社实际经营控制权的经营者理事进行激励，促使经营者为成员提供更有效的服务。

（3）稳定性与适应性相结合原则。 这一原则要求合作社组织机构既要有相对的稳定性，不能频繁变动，又要随外部环境及自身需要作相应调整。一般来讲，合作社有效活动的进行能维持一种相对稳定状态，合作社成员对各自的职责和任务越熟悉，工作效率就越高。组织机构的经常变动会打破合作社相对均衡的运动状态，接受和适应新的组织机构会影响工作效率，故合作社组织机构应保持相对稳定。但是，任何合作社都是动态、开放的系统，不但自身是在不断运动变化，而且外界环境也是在变化的。当相对僵化、低效率的组织机构已无法适应外部的变化甚至危及合作社的生存时，组织机构的调整和变革即不可避免，只有调整和变革，合作社才会重新充满活力，提高效率。

（4）维护成员权利原则。 农民专业合作社是成员所有、成员民主控制的互助性组织，所以农民专业合作社组织机构设置应当维护成员作为合作社所有者的地位，确保成员充分行使成员权。具体说，维护成员权原则包括：第一，成员行使最高决策权原则。成员大会是合作社的权力机构，成员通过成员大会行使最高决策权。合作社一切重大事项如章程的修改、理事的任免、合作社的合并与联合、合作社分配、重大经营方案批准等，都必须由其作出决议。第二，一人一票原则。成员在行使表决权时，不管出资多少，原则上实行一人一票表决制度，体现了成员享有完全平等的权利。第三，成员权利救济原则。当成员大会或代表大会、理事会的决议违反法律或章程或者理事、监事执行职务时违反法律或合作社章程，侵犯成员权利时，成员能够依法获得相应的救济途径。

3.1.2 农民专业合作社组织机构是如何运行的

《农民专业合作社法》对某些机构的设置不是强制性规定，而是要由合作社自己根据需要决定。本节介绍合作社的三大组织机构——成员（代表）大会、理事会（理事长）、监事会（执行监事）。

（1）成员大会是如何运行的。 合作社的成员大会是合作社的必设机构。成员大会由全体成员组成，是合作社的最高权力机构。成员大会有权选举和罢免理事、监事，理事、监事需要向成员大会负责，成员大会有权修改合作社章程、决定合作社的重大经营方针等。

①成员大会的召开。农民专业合作社成员大会是通过召开会议的形式来行使自己的权力的。《农民专业合作社法》第三十一条规定成员大会每年至少应该召开一次。成员大会依其召开时间的不同，分为定期会议和临时会议两种：a. 定期会议。定期会议何时召开应当按照农民专业合作社章程的规定，如规定一年召开几次会议、具体什么时间召开等。b. 临时会议。农民专业合作社在生产经营过程中可能出现一些特殊情况，需要由成员大会审议决定某些重大事项，而未到章程规定召开定期成员大会的时间，则可以召开临时成员大会。

《农民专业合作社法》第三十一条规定，符合下列三种情形之一的，应当在20日内召开临时成员大会：一是30％以上的成员提议。30％以上的成员在合作社中已占有相当大的比重，当他们认为必要时可以要求合作社召开临时成员大会，审议、决定他们关注的事项。二是执行监事或者监事会提议。执行监事或者监事会是由合作社成员选举产生的监督机构。当其发现理事长、理事会或其他管理人员不履行职权，或者有违反法律、章程等行为，或者因决策失误、严重影响合作社生产经营等情形时，应当履行监督职责，认为需要及时召开成员大会作出相关决定时，应当提议召开临时成员大会。三是章程规定的其他情形。除上述两种情形外，章程还可以规定需要召开临时成员大会的其他情形。

②成员大会的职权范围。我国《农民专业合作社法》第二十九条规定：农民专业合作社成员大会由全体成员组成，是本社的权力机构，行使下列职权：a. 修改章程。合作社章程的修改，需要由本社成员表决权总数的2/3以上成员通过。b. 选举和罢免理事长、理事、执行监事或者监事会成员。理事会（理事长）、监事会（执行监事）分别是合作社的执行机关和监督机关，其任免权应当由成员大会行使。c. 决定重大财产处置、对外投资、对外担保和生产经营活动中的其他重大事项。上述重大事项是否可行、是否符合合作社和大多数成员的利益，应由成员大会做出决定。d. 批准年度业务报告、盈余分配方案、亏损处理方案。年度业务报告是对合作社年度生产经营情况进行的总结，对年度业务报告的审批结果体现了对理事会（理事长）、监事会（执行监事）一年工作的评价。盈余分配和亏损处理方案关系到所有成员获得的收益和承担的责任，成员大会有权对其进行审批。经过审批，成员大会认为方案符合要求

的则可予以批准，反之则不予批准。不予批准的，可以责成理事长或者理事会重新拟定有关方案。e. 对合并、分立、解散、清算，以及设立、加入联合社等作出决议。合作社的合并、分立、解散关系合作社的存续状态，合作社设立或加入联合社等，都是关系农民专业合作社生存发展的重大决策，与每个成员的切身利益相关。因此，这些决议至少应当由本社成员表决权总数的 2/3 以上通过。f. 决定聘用经营管理人员和专业技术人员的数量、资格和任期。农民专业合作社是由全体成员共同管理的组织，成员大会有权决定合作社聘用管理人员和技术人员的相关事项。g. 听取理事长或者理事会关于成员变动情况的报告，对成员的入社、除名等作出决议。成员变动情况关系到合作社的规模、资产和成员获得收益和分担亏损等诸多因素，成员大会有必要及时了解成员增加或者减少的变动情况。对于是否同意新成员入社，应该由现有成员共同决定。为避免出现不公平、不民主、侵犯成员合法权益的情况，衡量是否严重危害成员及农民专业合作社利益以及是否除名，应由成员大会或成员代表大会表决通过。h. 公积金的提取及使用。农民专业合作社是否提取公积金，由其章程或成员大会决定，法律不进行强制规定。i. 章程规定的其他职权。除上述 8 项职权，章程对成员大会的职权还可以结合本社的实际情况作其他规定。

③成员代表大会。当合作社成员人数超过一定的数量，不易召集成员大会时，通常根据地域便利，分组举行会议，并依各组成员人数推选代表，出席成员代表大会。《农民专业合作社法》第三十二条规定"农民专业合作社成员超过一百五十人的，可以按照章程规定设立成员代表大会。依法设立成员代表大会的，成员代表人数一般为成员总人数的百分之十，最低人数为五十一人"。对于成员人数众多的合作社，实行成员代表大会制度相对于成员大会而言，其最大的优点是易于召集。但是，由于非全体成员出席，成员代表大会也许不能真正反映全体成员的意思，也易于被少数人操纵，因此，成员代表的选任必须合理。成员代表的选任应当由合作社章程予以明确规定，主要包括以下几条：第一，明确成员代表人数、任期及选举方法；第二，成员代表应当具备成员资格，非成员不能当选代表；第三，分组举行成员大会分会，并依各组成员人数，推选代表；第四，成员代表的产生应当顾及成员的地区、业务种类；第五，选举成员代表时，实行一人一票制。由于成员代表大会设置的主要目的是便于召集，提高会议效率，是成员大会的一种变通方式，因此，绝不能替代成员大会。但成员代表由成员选举出来，代表了成员的意见，因此，可以部分行使成员大会的职权。《农民专业合作社法》也规定"成员代表大会按照章程规

定可以行使成员大会的部分或者全部职权"。

(2) 理事会是如何运行的。 合作社管理机制的核心是实行民主管理，理事会承担着重要的作用。合作社理事会由章程载明的确定数量的理事组成，是合作社的业务执行机构，同时也是合作社的常设机构之一。对于合作社是否一定要设立理事会，《农民专业合作社法》并未作强制性规定，一般由合作社章程规定。如果合作社规模较小，成员人数很少，没有必要设立理事会的，由一个成员信任的人作为理事长来负责合作社的经营管理工作就可以，这样有利于精简机构，提高效率。

①理事会（理事长）的产生。理事会（理事长）是成员（代表）大会的执行机构，由成员（代表）大会从本社成员中选举产生，依照《农民专业合作社法》和本社章程的规定，行使职权，对成员（代表）大会负责。召开成员大会，出席人数应当达到成员总数 2/3 以上，成员大会选举理事长、理事会成员应当由本社成员表决权总数过半数通过，如果章程对表决权数有较高规定的，从其规定。理事长、理事的资格条件等，由合作社章程规定。但是，农民专业合作社的理事长、理事不得兼任业务性质相同的其他农民专业合作社的理事长、理事、监事。另外，《农民专业合作社法》明确规定的，不管合作社的规模大小、成员多少，也不管合作社有无理事会，都要设理事长，理事长为合作社的法定代表人。

②理事会（理事长）的职权范围。农民专业合作社理事会行使的职权通常有：a. 组织召开成员大会并报告工作，执行成员大会决议；b. 制订本社发展规划、年度业务经营计划、内部管理规章制度等，提交成员大会审议；c. 制订年度财务预决算、盈余分配和亏损弥补等方案，提交成员大会审议；d. 组织开展成员培训和各种协作活动；e. 管理本社的资产和财务，保障本社的财产安全；f. 接受、答复、处理执行监事或者监事会提出的有关质询和建议；g. 提请成员大会决定成员入社、退社、继承、除名、奖励、处分等事项；h. 决定聘任或者解聘本社经理、财务会计人员和其他专业技术人员；i. 履行成员大会授予的其他职权。

农民专业合作社的具体生产经营活动由理事会聘请的经理或理事会负责。合作社可以聘任经理，也可以不聘任经理；经理可以由本社成员担任，也可以从外面聘请。是否需要聘任经理，由合作社根据自身的经营规模和具体情况而定。《农民专业合作社法》第三十五条规定，农民专业合作社的理事长或者理事会可以按照成员大会的决定聘任经理。经理应当按照章程规定和理事长或者理事会授权，负责农民专业合作社的具体生产经营活动。因此，经理是合作社的雇员，在理事会（理事长）的领导下工作，对理事会（理事长）负责。经理由理事会（理事长）决定聘任，也由其决定解聘。农民专业合作社的理事长或者理事可以兼任经理。理事长或者理事兼任经理的，也应当按照章程规定和理事长或者理事会授权履行经理的职责，负责农民专业合作社的具体生产经营活动。如果农民专业合作社不聘请经理，则由理事长或者理事会直接管理农民专业合作社的具体生产经营活动。

③理事长、理事利用职务便利损害合作社利益的处理办法。《农民专业合作社法》第三十六条规定，农民专业合作社的理事长、理事和管理人员不得有下列损害合作社利益的行为：a. 侵占、挪用或者私分本社资产。理事长、理事和管理人员利用自己分管、负责或者办理某项业务的权力或职权所形成的便利条件，将合作社资产侵占、挪作他用或者私分，必然会造成合作社资产的流失或者影响合作社正常的经营活动。b. 违反章程规定或者未经成员大会同意，将本社资金借贷给他人或者以本社资产为他人提供担保。这种个人行为往往给合作社的生产经营带来风险。法律禁止此种行为是对理事长、理事和管理人员的强制性约束。c. 接受他人与本社交易的佣金归为己有。理事长、理事和管理人员代表合作社出售农产品或购买生产资料等，是履行职责，接受他人支付的折扣、中介费用等佣金应当归合作社所有。d. 从事损害本社经济利益的其他活动。合作社的理事长、理事和管理人员享有法律和合作社章程授予的参与管理合作社事务的职权，同时也对合作社负有忠实义务，在执行合作社的职务时，应当依照法律和合作社的章程行使职权，履行义务，维护合作社的利益。

为此，《农民专业合作社法》规定，理事长、理事和管理人员违反上述四项禁止性规定所得的收入，应当归本社所有；给本社造成损失的，应当承担赔偿责任；情节严重，构成犯罪的，还应当依法追究刑事责任。

（3）监事会是如何运行的。

①监事会（执行监事）的产生。监事会（执行监事）是农民专业合作社的监督机关，对合作社的业务执行情况和财务进行监督。监事会是指由多人组成的团体担任的监督机关，执行监事是指仅由一人组成的监督机关。依照《农民专业合作社法》第三十三条的规定，农民专业合作社可以设执行监事或者监事会。可见，监事会（执行监事）不是农民专业合作社的必设机构。当农民专业合作社成员人数较多时，可以专门设立监事会。由于监事会开展工作主要通过召开会议的方式来进行，故监事会会议表决实行"一人一票"制。因此，监事会由3人以上的单数组成，设主席一人，监事若干名，通过成员（代表）大会

从本组织中选举产生。从我国各地的实践来看，大多数合作社的主席、副主席除由本组织选举产生外，许多专业合作社还聘请合作社方面或农业领域的专家、学者担任，也有聘请当地的政府官员、村委会领导担任的。如果不专门设立监事会的农民专业合作社，则可由成员（代表）大会在本组织成员中选举产生执行监事1人，兼职监事若干名。

监事会（执行监事）是由成员（代表）大会从本社成员中选举产生，依照《农民专业合作社法》和本社章程的规定，行使职权，对成员（代表）大会负责。成员（代表）大会选举监事会（执行监事）成员应当由本社成员表决权总数过半数通过，如果章程对表决权数有较高规定的，从其规定。监事会（执行监事）成员的资格条件等，由合作社章程规定。为保证监察职能的发挥，理事不得为监事，曾任理事之成员，于其理事责任解除前不得当选为监事。

②监事会（执行监事）的职权范围。监事会（执行监事）对成员（代表）大会负责，其具体的职权和工作规则由合作社的章程具体规定。

监事会（执行监事）通常具有下列职权：a. 监督检查成员（代表）大会决议的执行情况；b. 监督检查本组织开展业务经营活动的实绩；c. 监督检查维护本组织成员合法权益的情况；d. 监督检查本组织积累资产保值增值的情况；e. 监督检查成员（代表）大会的决定聘任经营管理人员；f. 听取经营管理人员的工作汇报；g. 行使章程规定的其他职权。

农民专业合作社章程要具体明确监事会（执行监事）的工作规则，其主要内容包括：a. 监事会（执行监事）的全体会议应当定期召开，由主席或执行监事召集和主持；b. 在本组织成员（代表）大会闭会期间，监事会主席或执行监事有权列席理事会的全体会议；c. 由监事会主席或执行监事向成员（代表）大会报告本会的工作；d. 监事会成员平等地享有一票表决权，并且要遵守执行工作规则，注重加强沟通，切实相互配合，共同努力完成各项任务；e. 必须将所议事项做出的决定记录在会议记录上，并交由出席的监事会各位成员签名。

3.2　如何指导农民专业合作社加强人力资源管理

市场经济条件下，合作社之间的竞争归根结底是人才的竞争，人力资源是合作社的第一资源。合作社加强人力资源管理，最大限度地调动人的积极性、创造性和主观能动性，使合作社全体成员形成一个团结合作、奋发向上的优秀团队，这是一个合作社是否能够在市场竞争中占据主动的关键。

3.2.1　如何选择农民专业合作社的经营管理人员

一般来说，农民专业合作社的经营管理人员，是指由本组织所专门聘任的经理、副经理和聘用的财务会计等专业技术人员。对他们的选聘和录用，直接关系到农民专业合作社能否吸收到优秀人才的问题，应当高度重视，认真对待，切实抓好，确保质量。

（1）经营管理人员应具备的基本素质。农民专业合作社不同于一般意义上的经济组织，它的兴衰成败同广大成员的切身利益紧密相连，休戚与共。农民专业合作社的经营管理人员要具体承担从事本组织生产经营活动、积极搞好为本组织成员提供日常性服务等工作职责。为了适应发展生产、开拓经营、提高效益和服务群众等现实需求，农民专业合作社经营管理人员应具备如下基本素质：①比较熟悉农业、农村和农民群众的基本情况，热心参与和服务"三农"工作；热爱基层，关心农民成员，能与他们打成一片。②热爱合作社事业，愿意为合作社事业做出奉献。③全面掌握与服务岗位职责相适应的业务知识和工作技能，尤其是具有较强的沟通协调能力和组织管理能力，能够独立完成所受领的任务。④注重学习，有勤奋钻研文化、科技、管理和法律等知识的精神。⑤言行文明，处事公允，乐于助人，不畏艰苦。⑥遵纪守法，廉洁自律。

（2）选聘经营管理人员的主要途径。合作社选聘经营管理人员的途径有两条：

一是从合作社外部选拔。外部选聘是选拔人才的重要途径，因其来源广泛，合作社较易获得所需要的人才。外部选聘的方式和来源也有很多，如通过人才市场选聘；加强与科研部门、高校联系合作，从中发现和挖掘人才；从别的合作社特别是同行业的合作社挖掘人才等。但是不管用哪种方式选拔人才，都要遵循一般的选聘流程。第一，确定用人要求。即通过专题研究，具体确定拟选聘的经营管理人员的岗位与数量，以及其履行职责所需要掌握的知识、技能和经验等要求。第二，实行公开招聘。即采用多种形式，向社会公布招聘经营管理人员的综合性信息，热情做好应聘人员的接待工作，明确告知参加笔试、面试等考核的内容安排和具体地点、时间。第三，组织具体考核。即按照履行岗位职责的综合素质要求，由理事会或理事会指定的专人负责，组成专门班子，对应聘者进行笔试、面试和身体检查，并原则上将"两试"评分成绩位列前3名的人员纳入候选名单。第四，决定录用人员。即召开理事会会议，听取对应聘者考核及外调情况的汇报，经过充分商议以后，最终从候选名单中确定具体录用人员。第五，办理录用手续。即根据理事会的决定，公布录用人员名单，并依照有关法律、法规与其签订录用合同，具体明确规定双方的权利与义务。

二是从内部选拔。从合作社内部培养和选拔人才，是成本最低，很多情况下也是效率最高、效果最好的方式。其具体做法很多，但主要是要有一套系统的内部培养和选拔体系。合作社由于自身条件的限制，它的选拔对象相对较少，所能投入的资金和实践也相对较少，所以培养和选拔工作要有重点、有针对性。

3.2.2　如何制定经营管理人员的薪酬

制定经营管理人员的薪酬（包括工资、奖金和福利等）是搞好人力资源管理工作的主要内容之一。市场经济条件下的合作社竞争，实质上就是人才的竞争。因此，对于农民专业合作社来说，合理的报酬可以起到吸引人才、留住人才和激励人才等积极的作用。农民专业合作社在确定其经营管理人员的薪酬时，应当摒弃随意性和传统观念，坚持科学性，体现公平性，把握现实性，综合考虑各种因素，制定量化结构体系，以利于具体操作与如数兑现。

薪酬量化结构体系应当包括以下内容：①基本工资。即保证经营管理人员基本生活开支需求的薪酬，并以略高于当地政府所确定的企业最低工资标准为宜。②岗位津贴。即给予经营管理人员在本岗位工作中享受的补贴性薪酬（如电话费、交通费等补助），原则上应按照所任职务的高低，统筹考虑分类、分档加以制定。③缴纳保险。即农民专业合作社根据法律、法规和录用合同明确的条款，由本组织负责为经营管理人员缴纳基本养老金、基本医疗保险金、失业保险金和工伤保险费等社会保险费。④奖励工资。即农民专业合作社根据一定时期内经营管理人员的工作成绩，以及其对发展本组织生产经营所做出的贡献，给予的奖励性薪酬。具体可通过年度、季度经营与效益实绩的考核或者履行岗位职责情况的考评，给予完成经营与效益目标任务或者考评称职的经理、副经理、财务会计等专业技术人员，发放一次性奖金；对于超额完成经营与效益目标任务或考评优秀者，再行颁发物质奖励，其数额由理事会研究确定。

由于各地经济社会发展水平和专业合作社经济实力等存在较大的差异，所以，如何确定农民专业合作社经营管理人员的薪酬，乃至构建其薪酬体系，还必须坚持因地制宜、因时制宜。总体上要把握住"死工资"（基本工资、社会保险）占小头、"活工资"（岗位津贴、奖励工资）占大头的原则，从而建立有利于调动经营管理人员的积极性、主动性、创造性，具有激励约束功能的薪酬体系。

3.2.3　如何对经营管理人员进行培训

农民专业合作社的各项生产经营计划，主要依靠其经营管理人员具体组织实施。他（她）们业务素质的高低、工作能力的强弱，对于提高农民专业合作社生产经营效益，增强农民专业合作社市场竞争能力，有着直接的关系。因此，在积极做好选聘工作、切实建立激励机制的同时，农民专业合作社的理事会、监事会必须高度重视加强本组织经营管理人员的培训。

农民专业合作社经营管理人员的培训，应当着眼于以下目的去展开：一是要"干什么、学什么""缺什么、补什么"，努力提高其综合业务素质和实际工作能力，使之能够适应岗位要求，做到岗位成才。二是要切实强化对本组织性质特点和文化取向的灌输教育，不断培育搞好生产经营的新知识、新技能和新观念，使之能够按照组织目标和事业发展的需要，自觉地实现成长与进步。三是要积极鼓励学以致用，大力支持探索创新，使之能够充分挖掘和开发自身的潜能，卓有成效地开展岗位职责的各项工作；尤其是要加强合作经济知识的教育，使其深刻了解合作社的理念、宗旨、文化等，培养其热爱合作社、献身合作社的理想和志向。

农民专业合作社经营管理人员的培训，可以采用以下培训方法：①独立式学习。独立式学习就是让学习者独立完成一项具有挑战性的工作。听起来不像是培训，但是这种潜在的培训价值很快就会在经营管理人员工作中显露出来。试想在整个工作中，他必须合理地安排每一个工作步骤：在什么时间达到怎样的目标；决定采取哪种工作方式、哪种技能；当工作中遇到困难的时候，他得自己去想办法，拿出一些具有创造性的解决方案。这对于培养他独立思考和创造性的能力都是很有好处的。这种学习方式也有利于促进学习者为独立完成工作去学习新的技能，迎接更大的挑战。②贴身式学习。这种培训是安排学习者在一段时间内跟随"师傅"一起工作，观察"师傅"是如何工作的，并从中学到一些新技能。学习者如同"师傅"的影子，这就要求"师傅"必须有足够的适合的技能传授给那个"影子"，而且"师傅"还需要留出一定的时间来解决工作中存在的问题，并随时回答"影子"提出的各种问题。③开放式学习。这种培训方式在需要手工完成任务的领域较为常见，它不仅锻炼了经营管理人员的动手能力，还提高了他们的观察能力，增加了他们的学识。这种学习方法给接受培训的人以较大的自由，学习者可以自由地选择学习的时间和学习的内容。学习的内容根据工作需要可以是管理课程，或者是他们感兴趣的、对他们今后的工作有用的一些知识。④度假式学习。合作社安排经营管理人员每星期有一天或者半天不到合作社上班，让他们到大学去参加短期课程培训，并希望他们学成后，能够将这些理论知识应用到工作中解决实际问题。这就是所谓的"度假式学习"。⑤轮换式学习。在某些公司，通常会看到这样一个现象：一位经理前两年在公司的一个部门任职，而接下来的两年，却转入另一个部门任职，这就是所谓的"工作轮换"。合作社也可以采用类似的做法，一两年内某些管理者的岗位就可以轮换一次。新的岗位，新的职位，新的员工，新的问题，一切从头开始，这样做有利于培养出全能人才。

3.3 如何指导农民专业合作社规范财务管理

2007年年底，《农民专业合作社财务会计制度（试行）》由财政部出台，2008年1月1日起正式施行。该制度对农民专业合作社的财务会计制度进行了规范。

3.3.1 农民专业合作社如何向成员报告财务情况

农民专业合作社应当每年向其成员报告财务情况，这是合作社保护成员基本权利的重要做法，也是合作社理事会的重要职责。《农民专业合作社法》明确规定了成员的这一权利，并对合作社向成员公布财务情况的时间、地点和内容等做出了具体规定。

农民专业合作社成员享有了解合作社财务情况的权利。《农民专业合作社法》第二十一条规定，成员享有"查阅本社的章程、成员名册、成员大会或者成员代表大会记录、理事会会议决议、监事会会议决议、财务会计报告、会计账簿和财务审计报告"的权利。财务会计报告和会计账簿是反映合作社业务经营情况的重要资料，包括成员与合作社的交易情况、合作社的收入和支出情况，以及合作社的盈余亏损情况、债权债务情况等。根据《农民专业合作社法》第四十五条的规定，审计结果应当向成员大会报告，因此成员查阅本社的财务审计报告也是成员应享有的权利。这些资料与成员的切身利益密切相关，作为合作社的出资者和利用者，成员应当享有查阅这些资料的权利，以了解合作社财务情况，参与合作社的管理和决策，维护自身的合法权益。这既是保障成员知情权、参与权、决策权的重要内容，也是成员对合作社进行监督的重要途径。

合作社理事长或理事会应当在成员大会召开前向成员公布财务情况。《农民专业合作社法》第二十九条和第四十条就合作社向成员公布财务情况的地点、时间和内容做出了具体规定。①合作社的理事会或理事长应当提前 15 日公布有关报告。这主要是使成员有足够的时间充分了解合作社的财务情况，以便在成员大会上决定是否赞成这些报告，行使自己的权利。②财务报告应当置于合作社的办公地点，以便成员查阅。考虑到农民专业合作社的成员数量较多，向每位成员分送财务报告的成本太高。因此，本法规定合作社可以将报告置于办公地点供成员查阅。③财务报告应当包括年度业务报告、债权债务报告、盈余分配（或亏损处理）报告等。

3.3.2 农民专业合作社与其成员和非成员交易如何进行核算

为便于将合作社与成员和非成员的交易分别核算，《农民专业合作社法》规定了成员账户这种核算方式。成员账户是农民专业合作社用来记录成员与合作社交易情况，以确定其在合作社财产中所拥有份额的会计账户。合作社为每个成员设立单独账户进行核算，就可以清晰地反映出其与成员的交易情况。与非成员的交易则通过另外的账户进行核算。

根据《农民专业合作社法》第四十三条的规定，成员账户主要包括三项内容：一是记录该成员的出资额。包括入社时的原始出资额，也包括公积金转化的出资。成员退社时，应将出资额退还给成员。二是量化为该成员的公积金份额。第四十二条第二款规定："每年提取的公积金按照章程规定量化为每个成员的份额。"每个成员量化所得的公积金就记载在成员账户内，但成员退社时可以带走。公积金进行量化的标准，法律并没有明确规定，而是由章程规定。在法律起草过程中，有的意见认为应按成员人数作为量化标准，有的意见认为应按成员出资作为量化标准，还有的意见认为应按交易量（额）为标准进行量化。法律最后规定如何量化交由章程规定，进一步体现农民专业合作社的自主性。三是记录成员与合作社交易量（额）。交易量（额）的大小，体现了成员对农民专业合作社贡献的大小。将交易量（额）作为成员账户的一项重要指标，使其成为盈余返还的一项重要标准。

通过设立成员账户，有如下好处：①通过成员账户，可以分别核算其与合作社的交易量，为成员参与盈余分配提供依据。《农民专业合作社法》第二十一条规定，合作社成员享有按照章程规定或者成员大会决议分享盈余的权利。②通过成员账户，可以分别核算其出资额和公积金变化情况，为成员承担责任提供依据。根据《农民专业合作社法》第六条的规定，农民专业合作社成员以其账户内记载的出资额和公积金份额为限对农民专业合作社承担责任。在合作社因各种原因解散而清算时，成员如何分担合作社的债务，都需要根据其成员账户的记载情况而确定。③通过成员账户，可以为附加表决权的确定提供依据。根据《农民专业合作社法》第二十二条的规定，出资额或者与本社交易量（额）较大的成员按照章程规定，可以享有附加表决权。只有对每个成员的交易量和出资额进行分别核算，才能确定各成员在总交易额中的份额或者在出资总额中的份额，确定附加表决权的分配办法。④通过成员账户，可以为处理成员退社时的财务问题提供依据。《农民专业合作社法》第二十八条规定，成员资格终止的，农民专业合作社应当按照章程规定的方式和期限，退还记载在该成员账户内的出资额和公积金份额；对成员资格终止前的可分配盈余，依照《农民专业合作社法》第四十四条第二款的规定向其返还。只有为成员设立单独的账户，才能在其退社时确定其应当获得的公积金份额和盈余返还份额。⑤除法律规定外，成员账户还有一个作用，即方便成员与合作社之间的其他经济往来，比如成员向合作社借款等。

3.3.3 为什么农民专业合作社与其成员和非成员交易要分开核算

将合作社与成员和非成员的交易分别核算，是由合作社的互助性经济组织的属性所决定的。以成员为主要服务对象，是合作社区别于其他经济组织的根本特征。如果一个合作社主要为非成员服务，它就与一般的公司制企业没有什么区别了，合作社也就失去了作为一种独立经济组织形式存在的必要。比如一个西瓜合作社，它成立的主要目的是销售成员生产的西瓜，而一个西瓜销售公司成立的目的则是通过销售西瓜赚钱，为了赚钱公司可以销售任何人的西瓜。在农民专业合作社的经营过程中，成员享受合作社服务的表现形式就是与合作社进行交易，这种交易可以是通过合作社共同购买生产资料、销售农产品，也可以是使用合作社的农业机械，享受合作社的技术、信息等方面的服务。因此，将合作社与成员的交易，同与非成员的交易分开核算，就可以使成员及有关部门清晰地了解合作社为成员提供服务的情况。只有确保合作社履行主要为成员服务的宗旨，才能充分发挥其作为弱者的互助性经济组织的作用。

将合作社与成员和非成员的交易分别核算，也是向成员返还盈余的需要。《农民专业合作社法》第四十四条规定，合作社的可分配盈余应当按成员与本社的交易量（额）比例返还，返还总额不得低于可分配盈余的60%。返还的依据是成员与合作社的交易量（额）比例。在确定比例时，首先要确定所有成员与合作社交易量（额）的总数，以及每个成员与合作社的交易量（额），然后才能计算出每个成员所占的比例。因此，只有将合作社与成员和非成员的交易分别核算，才能为按交易量（额）向成员返还盈余提供依据。

将合作社与成员和非成员的交易分别核算，也是合作社为成员提供优惠服务的需要。由于合作社是成员之间的互助性经济组织，因此作为合作社的实际拥有者，成员与合作社交易时的价格、交易方式往往与非成员不同，将两类交易分别核算也是合作社正常经营的需要。如一些农业生产资料购买合作社，成员购买生产资料时的价格要低于非成员，只有这两类交易分开核算，才能更准确地反映合作社的经营活动。

3.3.4 农民专业合作社的可分配盈余如何分配

合作社经营所产生的剩余，《农民专业合作社法》称之为盈余。举个简单的例子，假设一家农产品销售合作社，将成员的农产品（假设共 3 000 千克）按 11 元/千克卖给市场，为了弥补在销售农产品过程中所发生的运输、人工等费用，合作社会首先按 10 元/千克付钱给农民，同时按每千克 1 元留在合作社3 000 元钱。假设年终经过核算所有费用合计为 2 000 元，这样合作社就产生了 1 000 元剩余（3 000 元－2 000 元）。这 1 000 元剩余，实际上就是成员的农产品出售所得扣除共同销售费用后的剩余，即合作社的盈余。

《农民专业合作社法》第四十四条第一款规定："在弥补亏损、提取公积金后的当年盈余，为农民专业合作社的可分配盈余。"即可分配盈余＝当年盈余－弥补亏损－提取公积金。如上面的例子，虽然当年的盈余为 1 000 元，但如果合作社上一年有 200 元的亏损，在分配前就应当先扣除 200 元以弥补亏损。如果按照章程或者成员大会规定需要提取 200 元作为公积金，那么当年的可分配盈余就只有 600 元（1 000 元－200 元－200 元）。

农民专业合作社是农产品的生产经营者或者农业生产经营服务的提供者、利用者，自愿联合、民主管理的互助性经济组织。成员利用合作社的服务是合作社生存和发展的基础。比如农产品销售合作社，如果成员都不通过合作社销售农产品，合作社就收购不到农产品，也就无法运转。对于农业生产资料合作社，如果成员不通过合作社购买生产资料，合作社也就失去了存在的必要。因此，成员享受合作社服务的量（即与合作社的交易量）就是衡量成员对合作社贡献的最重要依据。成员与合作社的交易量也就是产生合作社盈余的最重要来源（当然，成员出资也扮演了重要角色）。因此，《农民专业合作社法》第四十四条规定，按交易量（额）比例返还的盈余不得低于可分配盈余的 60%。

按交易量（额）的比例返还是盈余返还的主要方式，但不是唯一途径。根据《农民专业合作社法》第四十四条第二款的规定，合作社可以根据自身情况，按照成员账户中记载的出资和公积金份额，以及本社接受国家财政直接补助和他人捐赠形成的财产平均量化到成员的份额，按比例分配部分盈余。这是因为，在现实中，一个合作社中成员出资不同的情况大量存在。在我国农村资金比较缺乏、合作社资金实力较弱的情况下，必须足够重视成员出资在合作社运作和获得盈余中的作用。适当按照出资进行盈余分配，可以使出资多的成员获得较多的盈余，从而实现鼓励成员出资、壮大合作社资金实力的目的。此外，成员账户中记载的公积金份额以及本社接受国家财政直接补助和他人捐赠形成的财产平均量化到成员的份额，也都应当作为盈余分配时考虑的依据。这是因为，补助和捐赠的财产是以合作社为对象的，而由此产生的财产则应当归全体成员所有。

3.3.5　农民专业合作社提取的公积金应如何使用

公积金是农民专业合作社为了巩固自身的财产基础，提高本组织的对外信用和预防意外亏损，依照法律和章程的规定，从盈余中积存的资金。根据《农民专业合作社法》第四十二条的规定，农民专业合作社可以按照章程规定或者成员大会决议从当年盈余中提取公积金。公积金用于弥补亏损、扩大生产经营或者转为成员出资。

农民专业合作社是否提取公积金，由其章程或者成员大会决定，不是强制性的规定。《农民专业合作社法》第四十二条的表述用的是"可以"提取公积金，并不是"应当"。这是因为不同种类的农民专业合作社对资金的需求不同，不同种类的农民专业合作社的盈余状况也不一样，因此不能强求每个农民专业合作社都提取公积金，而是要根据合作社自身对资金的需要和盈余状况，由章程或者成员大会自主决定。

公积金从农民专业合作社的当年盈余中提取，比例和最高限额由章程或者合作社成员大会决定。《农民专业合作社法》所提到的公积金是盈余公积金，只有当年合作社有盈余，即合作社的收入在扣除各种费用后还有剩余时，才可以提取公积金。

公积金的用途主要有三种：一是弥补亏损。由于市场风险和自然风险的存在，合作社的经营可能会出现波动，有的年度可能有盈余，有时则可能出现亏损。有了亏损，就会影响合作社的正常经营和运转。因此，在合作社经营状况好的年份，在盈余中提取公积金以弥补以往的亏损或者防备未来的亏损，才能维持合作社的正常经营和健康发展。二是扩大生产经营。为了给成员提供更好的服务，合作社需要扩大生产经营，如购买更多的农业机械、加工设备，建设贮藏农产品的设施、购买运输车辆等，这些都需要增加合作社的资金实力。在没有成员增加新投资的情况下，在当年盈余中提取公积金，可以积累扩大生产经营所需要的资金。三是转为成员的出资。在合作社有盈余时，可以提取公积金并将这些成员所占份额转为成员出资。

3.3.6 农民专业合作社的公积金如何量化为每个成员的份额

《农民专业合作社法》第四十二条第二款规定，合作社每年提取的公积金，应按照章程规定量化为每个成员的份额，这是合作社在财务核算中的一个重要特点。农民专业合作社的公积金的产生，来源于成员对合作社的利用，本质上是属于合作社的成员所有的，为了明晰合作社与成员的财产关系，保护成员的合法权益，《农民专业合作社法》规定公积金必须量化为每个成员的份额。为了鼓励成员更多地利用合作社，在一般情况下，公积金的量化标准主要依据当年该成员与合作社的交易量（额）来确定。当然，合作社也可以根据自身情况，根据其他标准进行公积金的量化，一种是以成员出资为标准进行量化，另一种是把成员出资和交易量（额）结合起来考虑，两者各占一定的比例来进行量化，还可以单纯以成员平均的办法量化。举一个单纯以交易量（额）为标准进行量化的例子：假设有张、王、李、赵、陈 5 人分别出资 20 000 元组建农民专业合作社，这样在组建时 5 人对合作社财产的占有比例都是 20%。假设当年 5 位成员分别通过合作社销售农产品 400 千克、300 千克、200 千克、50 千克和 50 千克。合作社对外的销售价格是 12 元/千克，在扣除运输、贮藏等环节的费用，合作社以 10 元/千克的价格向成员收购，每千克合作社留下了 2 元钱。这样由于共同销售 1 000 千克，合作社就获得了 2 000 元的购销差价。如果年终核算时各种费用合计为 1 000 元，当年就会产生 1 000 元的盈余。对于这 1 000 元的盈余，与合作社交易量大的成员做出的贡献大，在分配盈余时就要相应地体现出来。因此，老张获得的分配比例就应当是 40%。如果从中提取 100 元的公积金，老张也应该占有 40% 的份额，这与他们最初组建时的出资比例是不同的。此外，由于成员与合作社的交易量、出资比例每年都会发生变化，每年的盈余分配比例也会有所变化，因此，应当每年都对公积金进行量化。需要特别注意的是，每年公积金的量化情况应当记载在成员账户中。

3.3.7 农民专业合作社合并或者分立，债权和债务如何处理

农民专业合作社进行生产经营，不可避免地会对外产生债权债务。合作社合并后，至少有一个合作社丧失法人资格，而且存续或者新设的合作社也与以

前的合作社不同，对于合作社合并前的债权债务，必须要有人承继。因此，合作社合并的法律后果之一就是债权、债务的承继，即合并后存续的合作社或者新设立的合作社，必须无条件地接受因合并而消灭的合作社的对外债权与债务。《农民专业合作社法》第四十六条规定，农民专业合作社合并，应当自合并决议做出之日起十日内通知债权人。合并各方的债权、债务应当由合并后存续或者新设的组织承继。

《农民专业合作社法》第四十七条规定，农民专业合作社分立，其财产作相应的分割，并当自分立决议做出之日起十日内通知债权人。分立前的债务由分立后的组织承担连带责任。但是，在分立前与债权人就债务清偿达成的书面协议另有约定的除外。

农民专业合作社的分立一般会影响债权人的利益，根据《农民专业合作社法》规定，合作社分立前债务的承担有以下两种方式：一是按约定办理。债权人与分立的合作社就债权清偿问题达成书面协议的，按照协议办理。二是承担连带责任。合作社分立前未与债权人就清偿债务问题达成书面协议的，分立后的合作社承担连带责任。债权人可以向分立后的任何一方请求自己的债权，要求履行债务。被请求的一方不得以各种非法定的理由拒绝履行偿还义务。否则，债权人有权依照法定程序向人民法院起诉。

3.4 如何指导农民专业合作社完善资产管理

合作社的资产是合作社得以发展的物质基础。只有管理好合作社的资产，才能保证合作社稳定、健康、快速地发展。合作社的资产从物质形态来分，可以分为有形资产和无形资产。因此，合作社的资产管理就包括有形资产管理和无形资产管理。

3.4.1 怎样管好合作社的有形资产

有形资产按资产具体物质产品形态划分，可分为生产有形资产和非生产有形资产。生产有形资产是指生产活动创造的资产，包括有形固定资产、存货（库存）和珍贵物品。非生产有形资产是自然提供未经生产而取得的资产，包括土地、地下资产、非培育生物资源、水资源。有形资产是农民专业合作社的重要资产（特别是对于一些特殊的专业合作社，如农机合作社），因此，如何管好合作社的有形资产，是合作社内部管理的重要环节。

（1）加强固定资产管理的宣传，完善内部控制制度。 合作社的资产质量和财务状况是建立业绩考核和绩效评价的基础，业绩考核和绩效评价要做到公平、公正、客观、科学，必须保证合作社有关资产及财务指标的统一、真实、完整、可靠和准确。有形资产管理是一个需要各个职能部门统一联动的管理过程，不可能由某个部门独立完成，这是首要进行宣传的内容，树立有形资产管理要为全局服务的新理念。合作社要管好资产，除了要加强资产管理制度建设外，还应该建立和完善相关的内部控制制度。有形资产的寿命周期长，从设计、规划、购进、安装、建设直到报废，需要几年甚至几十年的时间，这期间各个环节、各个部门都需要一个完整的连接，而且主动自觉地跟踪、收集各个环节反馈的信息，不断完善、改进自己的工作，设法使其并入系统管理的轨道。应努力提高合作社管理人员在资产管理上的认识。有形资产的管理需要合作社管理人员来推动，合作社管理人员应该使广大成员齐心协力，让每个成员都参与合作社的管理。积极建立合作社经营业绩考核和绩效评价与有形资产管理挂钩的体系，推进有形资产管理激励机制的发展。

（2）提高资产管理人员素质，加强对资产管理人员的职业培训。要在相关部门设置专职资产管理岗位，设立专人管理有形资产，任何一点资产发生变化，都应及时与财务部门资产管理人员联系。做好资产管理，就要不断提高资产管理人员素质。①提高业务理论素质。资产管理人员除了应该掌握本职工作所需的专业知识外，还应该掌握国家相关政策及与资产有关的各项法律法规，掌握本合作社的相关规章制度。②提高政治素质。每个资产管理人员需要有重视资产的觉悟和认识。合作社需要不断培养和提升资产管理人员的全局意识和责任心。③提高综合业务处理能力。主要包括提高资产管理人员的组织能力、协调能力、敏锐的洞察分析能力、严密的逻辑思维能力和开拓能力等。

（3）完善资产管理制度，制定相应的激励机制。进一步健全和完善资产管理制度，包括制定资产管理办法，绘制包括资产调入、资产调出、资产内部转移、资产报废等各环节业务流程图等。实行科学管理，资产购入时要填写资产购置保管单；资产保管人或保管部门变化时，要填写资产内部转移单；资产报废时，要填写资产报废鉴定表。各种手续严格按照资产管理办法的条款执行。资产档案、卡片不应只由财务部门保管，使用部门和管理部门也应有副本或电子档案，以备随时查阅。加强信息系统建设，选用恰当的资产管理软件，实现资产管理的电子化和程序化。合作社资产管理水平的提升很大程度上要靠信息化建设。要想使合作社的资产管理再上一个台阶，首先要充实一部分既懂业务又懂信息技术的复合型人才。另外，从全局出发，选用开发能发挥整合作用的资产管理软件。通过软件可以把所有的资产卡片全部录入，由系统按类别自动进行编号，卡片信息中包含了资产名称、安装地点、保管部门、保管人、规格型号、主体原值、生产厂家、记账日期等几十项内容，同时提供多种查询功能，包括按类别查询、按字段查询等，并可以按月按类别计提折旧，进行汇总运算。要建立固定资产常态管理机制，实行全过程监督，定期进行资产清理，对达到使用年限的资产及时组织鉴定、报废。在健全资产管理制度的同时，也应该以人为本，充分调动成员的积极性，多管齐下，健全相应的激励机制，更好地落实资产管理制度。

（4）把好资产购置关，盘活闲置有形资产。资产选购的是否合适，将直接影响合作社的运转。在资产招标采购时，应充分考虑本地区的实际情况，选用最适合本地区、本合作社的设备，而不应该只考虑设备的价格和名气。曾经有的合作社发生过因为资金短缺，不能采购技术性能更优良的设备，而采购了相对较便宜的设备，造成运行设备缺陷较多，生产检修维护量大，检修成本很高，不得已还要进行二次采购的情况，这不仅占用了大量资金，也造成了部分设备的闲置。合作社要想发展，必须将闲置的有形资产盘活，提高其使用效率，为合作社创造更大的收益。对于已经闲置的资产，主要可以从以下几方面进行盘活：①执行集中管理、有偿租赁的经营形式，提高合作社闲置资产的利用效率。②对闲置的设备进行技术改造。有些设备，改造起来很困难，花费的资金比买新设备还要多，这种设备当然没必要改造；而有些设备，投入少量资金进行改造，可以恢复所有功能，甚至增加新的功能，就应该进行改造。

3.4.2 怎样管好合作社的无形资产

合作社的无形资产，是指合作社拥有或者控制的没有实物形态的、可辨认的非货币性资产。无形资产主要包括专利权、非专利技术、商标权、著作权、土地使用权、特许权等。

（1）登记无形资产入册。无形资产的形成主要有四个方面：①外购无形资产。合作社购入的无形资产，应以实际支付的价款作为入账价值。如果无形资产是与其他资产一同购入的，则应依据所购入各单项资产公允价值的相对比例，将总成本进行分配，以确定无形资产和其他资产的入账价值。②接受投资转入无形资产。接受投资转入的无形资产，应以投资各方确认的价值作为入账价值。一般情况下，合作社接受投资转入的无形资产，其入账价值按投资各方确认的价值确定。③接受捐赠取得无形资产。合作社接受捐赠无形资产，其入账价值应分别以下列情况确定：a. 捐赠方提供了有关凭证的，按凭证上标明的金额加上应支付的相关税费确定。b. 捐赠方没有提供相关凭证的，按同类或类似无形资产的市场价值加上应支付的相关税费确定。④自行开发无形资产。合作社自行开发并依法申请取得的无形资产，其入账价值应按依法取得时发生的注册费、律师费等费用确定；依法申请取得前发生的研究与开发费用，应于发生时确认为当期费用。已经计入各期费用的研究与开发费用，在该项无形资产获得成功并依法申请取得专利时，不得再将原已计入费用的研究与开发费用予以资本化。无形资产在确认后发生的支出，应在发生时计入当期损益。

（2）摊销无形资产成本。 在做好无形资产的财务处理的同时，还需要对无形资产进行科学的摊销。无形资产摊销是将无形资产的入账价值在其预计可使用年限内逐期转入费用的过程，摊销期限一般不超过10年。合作社在对无形资产价值进行摊销时，应将相关的摊销价值计入管理费用。

（3）发挥无形资产作用。 在管好无形资产、保证无形资产安全的前提下，合作社需要发挥无形资产的社会作用和经济作用。合作社最为重要的无形资产是商标权（或称品牌）。在各级各类新闻媒体的广泛宣传下，一批经济实力强、品牌叫得响的农民专业合作社脱颖而出。新疆乌恰县斯姆哈纳志成农产品合作社以前销售野生黑枸杞，火了一段时间后就卖不动了，后来开发出黑枸杞牙膏等深加工产品，打出自己的品牌，获得了市场的认可。除食用外，农业还具有休闲、生态和文化等功能，合作社要深入挖掘，打造具有底蕴的"小而美"品牌。山西红艳果蔬合作社，创新运用阳光雕刻技术，把中国传统文化图案雕刻在苹果上，研发出"晋魁"牌系列文化苹果。该合作社曾参加阿联酋国际食品展，带去了"八仙"文化苹果（一盒9个，有一个是八仙的合影）、"金陵十二钗"文化苹果（12个苹果），一盒卖到了2 000美元[①]。

---

① 卷首语．让合作社品牌亮起来［J］．中国农民合作社，2019（8）：1.

第4章 农民专业合作社的业务管理

农民专业合作社以服务成员为根本目的，对外则谋求盈余最大化，以增强合作社的经济实力，以便更好地为成员服务。因此，提高农民专业合作社的业务经营能力是满足成员经济和社会需求的重要保障。由于农民专业合作社类型多样，不同类型的专业合作社业务运营的模式可能相差甚远，因此没有一个统一的业务管理模式。下面将围绕合作社常见的业务，如经营范围的确定、生产基地建设、标准化生产等进行阐述。

4.1 如何确定经营范围

农民专业合作社经营范围的确定可以分为主动和被动确定两种方式。前者是合作社通过对市场的调研，然后结合自身的资源条件进行项目可行性分析，从而确定经营的产品。后者是通过自己与农业龙头企业签订合同，按照合同要求，进行订单生产。

4.1.1 市场调研的内容有哪些

市场调研是一种有目的的活动，是一个系统工程，是对那些可用来解决特定营销问题的信息所进行的设计、收集、分析和报告的过程。对合作社而言，市场调研不仅事关发言权，还事关生存权。市场调研是合作社经营决策的基础，充分的市场调研不仅有助于合作社更好地满足目标顾客的需求，还有利于增强合作社自身的竞争能力。它是合作社营销活动的开始，也贯穿其全过程。

合作社每次调查活动的具体内容，可根据面临的实际情况和需要，有所侧重、有所选择。但市场调查有一般内容，主要包括四个方面。

（1）宏观环境方面。国家与行业的政策、法规，包括其相关内容及导向趋势。如产业调整与行业规范、入世后的市场新格局、科技的新成果及应用等对市场的影响，自然资源紧缺、气候变化异常、社会人文价值观等对生产与消费的影响。其中尤其要注意年轻人的生活态度与生活方式的变化，因为他们代表着未来市场消费的主体。

（2）市场需求方面。市场需求是调查的核心内容，其表现可反映在两个方面。一是对某种农产品的具体需求，如品种、数量、质地、性能、外观、包装、价格与服务等。需求是因人因事而存在着差异的，调查的重点是因差异而形成的细分市场。二是实现这种需求的购买力状况，如货币收入、支出结构、购买行为等。要注意不同收入群体之间存在的消费层次，以及因收入变动而引起的结构与行为的变化。

（3）市场供应方面。市场供应可反映在两个方面。一是由国内产出量、国外进口量和期初结存量所组成的社会总供应量。二是某区域终端市场的有效供应与满足程度，有时候总体市场与某个区域的具体市场供需平衡状况并不一致。再说供应量的充足程度也不等于需求的满足程度。另外，由供应而引起的竞争要特别予以重视，有哪些竞争对手，他们的实力与特点是什么，在哪些方面对我们形成较大的压力与威胁。

（4）合作社自身方面。具体指合作社现行的营销策略、促销措施的市场效果如何，是否会引起社会的不良反响。这方面的情况往往容易被忽视。要是缺乏市场效果，或者效果虽好却引起不良反响的，就需要做适时的调整。

4.1.2 市场调研有哪些方法

市场调查的方法有多种多样，但总体来说，可以归纳为四种。

（1）按调查的侧重点分为定性调查和定量调查。定性调查和定量调查是市场调查的一个重要分类，其中，前者是指调研设计的问题为非格式化的，多为开放式问题。数据收集执行过程是非标准化的，一般都只是针对小样本的研究。常用的定性调查方法包括深度访谈、小组座谈会、专家意见法等；后者是指对一定数量的有代表性的样本进行结构性的问卷访问，然后对收集的数据进行录入、整理和分析。常用的方法有电话调查、面访调查和邮件调查。在市场调查的实际操作中，定量与定性调查及其信息具有互补性，一项特定的市场营销决策可能要求两种方法的共同应用。如利用现代统计技术，在仅仅掌握部分数据的情况下，可对事物运动规律做出合理的推测。

（2）按照选择调查对象方式，有全面普查和重点调查。全面普查是指对调查对象总体所包含的全部单位进行调查。全面普查可获得全面的数据，正确反映客观实际，效果明显。但由于全面普查工作量很大，要耗费大量人力、物力、财力，调查周期又较长，一般只在较小范围内采用。重点调查是以有代表性的单位或消费者作为调查对象，进而推导出一般结论。采用这种调查方式，由于被调查的对象数目不多，企业可以用较少的人力、物力、财力，在较短的时间内完成。当然由于调查对象并非全部，调查结果难免有一些误差，对此，市场调查人员应高度重视。特别是当外部环境发生较大变化时，所选择的对象就可能不具有代表性了。

（3）按照抽样方法可分为随机抽样调查和非随机抽样调查。随机抽样在市场调查中占有重要地位，在实际工作中应用的也很广泛。随机抽样最主要的特征是从母体中任意抽取样本，每一样本有相等的机会被抽取，因此可以根据调查样本来推断母体的情况。它又可以分为三种：简单随机抽样、分层随机抽样、分群随机抽样。非随机抽样是指市场调查人员在选取样本时并不是随机选取，而是先确定某个标准，然后再选取样本数，这样，每个样本被选择的机会并不是相等的。

（4）按调查所采用的具体方法来划分，有询问法、观察法、实验法。询问调查法是将所拟调查的事项采取面对面、电话或书面的形式，向被调查者提出询问并获得所需资料的方法。观察法是指对相关事实和行为的监测与记录的方法。这种方法的主要特点是：调查人员不直接向被调查者提出问题，进行询问，而是由调查人员直接或借助仪器把被调查者的活动按实际情况加以记录，通过观察事件发生经过来判断人们的行为、态度和感受。用观察法得到的资料更具客观性和符合事实，但非常耗时且昂贵。实验法是通过实验对比来取得市场情况第一手资料的调查方法。也即先在某一个小规模的市场范围内进行实验、观察、记录客户的反应和市场结果，然后再决定是否值得推广。

4.1.3　如何开展市场调研

为了使市场调查能顺利进行，保证其质量，在进行市场调查时，应按一定程序来进行，通常包括以下几个方面。

（1）确定调查目的。确定调查目的是进行市场调查应首先明确的问题。必须确定：为什么要做此项市场调查？通过调查要了解哪些情况和问题？以及调查结果的用途等。调查目的是合作社项目市场调查的宗旨，调查活动也始终围绕这一宗旨进行。合作社开展市场调查的主要目的是掌握合作社所开展项目的市场供求、价格、竞争等市场信息，为合作社进行产品开发项目提供依据。这一过程可分为三个具体步骤：首先，情况分析。在拟定正式调查计划之前，必须对现有合作社的宏观环境和区域环境进行详细了解，从中找出问题的重点并作描述性因果关系研究。其次，非正式调查。如果对所需要调查的对象知之甚少，就需要做探索性的研究或非正式调查。其资料收集具有较大的灵活性，如已出版发行的资料、个别访谈、网上的资料等。其目的在于探究情况，作为合作社市场正式调查的基础。最后，确定合作社市场调查的范围。在情况分析和非正式调查之后，在对问题的症结有了新的认识的基础上，可确定市场调查范围，使调查目标有所确定。

（2）制定调查计划及组织调查人员。在明确调查目的后，可以提出调查的命题以及实施的计划。这是整个合作社市场调查过程中最复杂的阶段。制定出详细的调查计划后就需要组织调查人员，并对调查人员进行培训，最后在调查进行前对人员进行分工。

（3）调查资料的获取。调查资料又可分为一手资料和二手资料。一手资料是指根据调查计划，从被调查对象中获取到的原始资料。一手资料调查通常需要对人力、物力进行科学的组织，并对合作社产品市场调查人员进行培训，通过培训使调查人员的工作能力、业务技术状况达到规定之要求以保证调查工作质量。二手资料指不是由调查者亲自调查得到的资料。市场营销调查需要搜集大量的信息资料，二手资料包括收集已经公布了的信息，而这些信息往往通过统计信息、政府规划等方式公布在报纸、杂志、互联网、年鉴及其他市场调查资料上。一手资料调查与二手资料调查通常是同时展开，二手资料调查是定性调查，但一手资料调查中定性与定量调查可能同时存在。

（4）资料的汇总及分析处理。市场调查的任务就是将客观存在的事物如实地反映出来，解决现实或将来的问题，因此调查资料的分析处理是相当重要的。调查资料的整理分析，是将调查收集到的资料进行整理、统计和分析。首先，要进行编辑整理，就是把零碎的、杂乱的、分散的资料加以筛选，去伪存真，以保证资料的系统性、完整性和可靠性。由于抽样调查方式本身存在局限，使得市场调查的误差客观存在，因此在抽样的确定及调查方式的选择上，应当遵循科学、合理、提高真实性的原则，并保证问卷设计的准确性，从而在技术上对调查质量予以保障。对收集的资料加以核对、核实、纵览，以保证所取得资料的完整性和连贯性。其次，要进行分类，即对经过编辑的资料进行分类，并制作相应的统计表或统计图，以便观察分析。最后对调查资料进行分析，即用统计方法对调查资料进行统计检验，以评定其可靠性，并进行相关分析、回归分析等。

（5）形成调查报告。撰写和提交调查报告是合作社市场调查工作的最后一环。调查报告反映了调查工作的最终成果，要十分重视调查报告的撰写。

4.1.4 订单农业

订单农业又称契约农业或合同农业。它是指在农产品生产经营过程中，农民按照签订的合同来组织生产并销售农产品的经营方式。签订合同的双方会在合同中规定农产品的数量、质量以及最低保护价格，让双方在享有相应权利时，履行相应的义务。所签订的合同具有一定的约束力，签订双方都不能单方面的毁约。作为联结农民和加工、销售企业的桥梁，农民专业合作社可带领成员与多个实体签订订单：一是和农业产业化龙头企业等签合同，合作社围绕企业的加工需要发展订单农业；二是和科研单位签合同，依托科研技术服务部门发展订单农业；三是和专业批发市场签合同，依托批发市场的销售需要发展订单农业；四是和经销公司、经纪人、客商签合同，依托中介流通组织发展订单农业。

相比于传统农业先生产后找市场的做法，订单农业是先找市场再生产的销售模式，是市场经济的产物，是进步的体现。农民常说"手中有订单，种养心不慌"。然而，在履约过程中，也存在一定的风险性，签约双方都可能遇到市场、自然和人为因素等的影响。例如，当约定的合同价格低于市场价格时，农民可能会隐藏产量，以减少履约数量，而将隐藏的产量按市场价格卖出；当合同价格高于市场价格时，农民可能会虚报产量，以增加履约数量，增加的部分从市场购买，从而赚取市场价格和合同价格间的差价。当然，当合同价格高于市场价格时，企业也存在拒收农民的产品而直接从市场收购的可能性，或通过压级、压价收购产品。

农民专业合作社作为"中介"进入订单农业，对促进合同双方履约具有重要的意义。尤其是在中国农村这样一个典型的静态社会，农民之间不仅相互了解，而且存在着相互间的监督。农民合作社的介入能够对分散农民的机会主义行为进行监督和约束，以弥补"龙头企业＋农民"的组织缺陷，促使企业和农民间的购销关系趋于稳定，较好地履行和承担合同中的权利与义务。当然，在日常的管理中，农民专业合作社要加强监管，加强对订单事前、事中、事后的规范、指导和服务来提高订单农业履约率。第一，要积极组织合作社成员培训学习《合同法》《担保法》《农产品质量安全法》《食品安全法》等相关法律知识，通过培训、发放订单农业宣传资料来提高农民的合同意识。第二，要全面介入订单合同的订立过程、履行过程和调解过程，开展"守合同重信用"活动，促进诚实经营，依法履行合同。第三，有选择地开展订单农业，积极与经济实力强、信誉好、带动能力强的农业龙头企业合作。第四，大力培育农村经纪人，充分发挥其桥梁作用，为"订单农业"牵线搭桥。通过他们主动找市场、跑订单，充分发挥其在发展订单农业、促进农产品销售、提供生产服务等方面的作用。第五，合作社要定期对成员、农户交售的农产品进行动态农药残留检测，做强合作社品牌。

4.2 如何进行一体化经营

4.2.1 如何建立农产品生产基地

在发展农业产业化经营中，农产品生产基地的建设具有重要的意义。农民专业合作社应积极推动农产品生产基地的建设，对经济实力许可的合作社应积极自建生产基地，经济实力不强的则可积极与农业龙头企业、购销商等主体合作，与他们联合创办生产基地。

(1) 生产基地选择和布局的基本原则。

①坚持因地制宜、分步渐进、突出重点的原则。要根据加入 WTO 之后参与国际竞争的需要，坚持因地制宜的原则，突出地方的资源优势和产品特色。此外，还要坚持分步渐进、突出重点的原则优先发展具有一定基础和竞争力的产品和产区，重点投资建设一批具有地方特色、优势明显的农产品生产和出口基地，重点扶持一批产品市场前景良好、发展潜力大、能够有效组织基地中农产品生产的龙头企业，积极推进农产品出口基地的发展，尽快形成规模优势。

②坚持以市场为导向，尊重农民意愿的原则。以市场为导向，就是农产品生产基地选择和布局时要对国内外市场该产品的种类及数量的需求现状及其发展趋势进行周密的调查研究和科学的分析，立足于多样化，优质化的市场需求，结合本地的资源优势重点发展市场占有率高、国内或国际市场前景广阔的优势农产品。成员是农产品基地的微观经济基地和生产主体。区域化布局、规模化生产的农产品生产基地建设，必须继续稳定家庭承包经营制度，切实尊重和保障成员的市场主体地位和生产经营自主权。

③坚持不断创新，以优取胜，产业整体开发的原则。要鼓励在环境保护、生产加工、标准建设等领域的研究和新技术的推广，在检测、认证、监管等环节不断创新。要适应市场竞争和消费者消费水平提高的要求，大力优化农产品的品种和品质结构，提高基地优势农产品的内在品质，积极开发和研究农产品的分级、包装、贮藏、保鲜和加工技术。同时，完善农产品生产基地的质量安全标准、检验检测体系、标识管理体系、追溯和承诺制度等，从根本上提高优势农产品的质量安全水平和出口竞争力。随着人们生活水平的提高，许多消费者已不仅仅满足于此，他们更需要方便、快捷、安全地享用食物。因此，发展优势农产品，要着眼于提高整个农业产业的竞争力，立足于产业的整体开发，打造名牌农产品，构建优势产业群体，从而延伸产业链条，提高产业的整体素

质和效益。

④坚持高技术高标准原则。农产品生产基地建设的主要任务是生产出能够满足国内外市场需要的优质农产品，而生产基地建成之后是否能实现预期的目标则取决于是否能生产出适销对路的农产品。这就要求从基地的选择、布局到建设，必须密切结合主要出口对象国的农产品质量标准及其发展动态，坚持产品质量的高标准和生产技术的领先性。当然，对于不同种类的产品、不同的地区可能会有所差异，但是，生产技术的领先性和产品质量的高标准应当始终作为必须坚持的基本原则之一。

（2）生产基地选择和布局的案例。农民专业合作社的生产基地应选择在交通便利、便于管理、不易受污染的地方。生产基地要积极引进农业生产的新技术、新工艺，严格控制化肥农药的使用，建立健全质量控制措施。根据自身条件，按照国家绿色或有机产品生产基地生产、操作和管理的要求，加强生产基地的管理，争取成为国家绿色或有机产品生产基地。

案例4-1：河南菡香生态农业专业合作社[①]

马宣寨村共有450余户2 000口人，耕地2 000余亩，村里地势低凹，河渠纵横，素有"豫北小江南"的美称，自古以来就有种植莲藕和水稻的历史传统。池塘相连，稻田有藕，莲边有稻，所产大米晶莹透亮、藕香绵绵、口味独特，为米中佳品。为充分发挥"地处水乡，水资源丰富"这个优势，把本地稻米做大、做强、做优，提高土地产出率、资源利用率和劳动生产率，为村里的老百姓谋福创富，走共同致富之路，王福军带领村民于2006年9月成立了该村第一家专业合作社——河南菡香生态农业专业合作社。合作社成立之初召开了成员大会，建立了理事会、监事会等组织机构，制定了规范的章程、财务管理、盈余分配、成员账户等管理制度和标准化种植规程，实行耕作、供种、施肥、管理、回收"五统一"服务。经过13年的发展，合作社成员由32户发展到现在的319户；注册资金由3万元增加到1 000万元；土地流转面积从2007年的200余亩发展到2 500余亩，辐射带动周边水稻种植5万余亩；总资产3 500余万元、固定资产2 800余万元、年产值近9 000万元；拥有大型农机具、植保机械100余台（套）。

---

① 田友.荷花盛开"菡香"来——河南菡香生态农业专业合作社发展纪实［J］.中国农民合作社，2019（4）：53-54.

为提升本地大米竞争力，形成产品强势品牌，2007年，合作社申请注册了"菡香"牌大米商标，并获农产品质量认证；2008年，"菡香"牌大米、香米、精米、黑米、江米、小麦被认定为绿色食品；2011年，获有机食品认证，"马宣寨大米"成为地理标志保护产品；先后荣获河南省名牌农产品、全国农产品加工博览会优质奖和中国绿色食品博览会金奖、第八届和第十届中国国际食品博览会金奖等荣誉；2011年，"菡香"被河南省工商行政管理局认定为"河南省著名商标"，入选"全国百家合作社百个农产品品牌"，成为河南航空用餐唯一大米供应商。目前，合作社向市场推出的产品有17个品种，产品包装多样化、精细化，满足了不同消费群体的需要，市场占有率不断提升。合作社充分利用产品的品牌效应，大力拓展销售渠道，实现线上线下销售同步发展。通过建设银行善融商务电商平台和农业银行e管家电商平台，"菡香"大米走进全国百姓家。阿里巴巴对全国64个大米品牌进行筛选，"菡香"大米脱颖而出，作为全国12个大米品牌之一在2017年天猫"双11"狂欢节被推向全球，"菡香"贡米被中国国家博物馆收藏，并作为全国六大贡米之一向全球推介，品牌优势地位进一步得到巩固。

为进一步加强品牌实力和影响力，合作社在科技方面发力。投资建成了集办公、技术服务和培训中心为一体的办公楼，成立了水稻工程技术研究中心。与烟台大学蛋白质研究中心、河南师范大学水稻新种质研究所、河南省农科院水稻研究所、焦作师专植物研究所等多家科研院所合作，发挥基地、市场渠道优势和研究机构的技术、人才、研发优势，在科研成果转化、创新人才培训等方面进行全方位合作，形成产学研、育繁推、产供销一体化生产经营模式。目前，"菡香"水稻新品种生产基地被河南省农业农村厅种子管理站认定为河南省粳稻新品种中间实验区和新品种展示区，在研的项目有"特早熟水稻TS63分子遗传研究""新型小粒水稻营养功能研究"和"沿黄优质高产菡香水稻品种示范及推广"三项河南省科技厅科研项目和多项地厅级科研项目。研发和申请保护水稻新品种5个，水稻种植新技术5项，水稻管理新技术8项。2018年，"菡香宏稻59"进入国家新品种生产实验。依靠科研和创新，合作社积累了强大的科技支撑力和持续的发展动力。目前，合作社引进了最先进的年产6万吨大米的加工生产线，通过低温加工保证大米营养成分；引进1 500吨米醋生产线，拉长产业链条，增加副产品附加值，使合作社大米加工副产品——碎米得到有效利用；发展高效农业，探索稻渔共养新模式，实现生态种养，绿色发展。

4.2.2 如何进行标准化生产

农业标准化是指运用"统一、简化、优选"的原则，通过制定和实施农业产前、产中、产后各个环节的工艺流程和衡量标准，使生产过程规范化、系统化，提高农业新技术的可操作性，将先进的科研成果尽快转化成现实生产力，取得经济、社会和生态的最佳效益。农业标准化的核心内容是建立一整套质量标准和技术操作过程，建立监督检测体系，建立市场准入制度。

（1）为什么要进行农业标准化生产。

①农业标准化是产品质量提高的首要前提。推进农业供给侧结构性改革，是供给侧结构性改革的重要内容，是当前和今后一个时期内农业农村工作的主线。农业迫切需要以市场需求为导向，加快调优产品结构、调精品质结构、调高产业结构，促进农产品供给由主要满足"量"的需求向更加注重"质"的需求转变，促进农产品由无效和低端供给转向有效和中高端供给，必须大力推进农业标准化生产，着力发挥农业标准化在促进农业科技转化为生产力、推动农业供给体系质量和效率提升、推进培育知名农业品牌方面的基础作用，形成优质优价的正向激励机制，全面提高农业发展质量效益。

②农业标准化是产业效益高的根本基础。通过农业标准化生产，加快发展现代农业，提高农业产业质量，促进产业效益全面提升。只有农业生产者生产出的产品质量高，才能满足加工者的要求，进而满足消费者的需求，从而促进三产融合。以标准化加快推动农业农村现代化进程，构建实施科学、全面、可检验、能执行的农业标准体系，强化标准实施应用，有效实现农业产业由粗放型向集约型转变，做大做强农产品品牌，全面提升农产品质量安全水平，大力推动农业产业的高质量发展，构建现代农业产业体系、生产体系、经营体系，形成一二三产业融合发展新格局，促进农民增收，提高农业产业效益，促进农业多种功能的深度挖掘。

③农业标准化是生产效率高的重要保证。建立和推广农业标准化，是推广先进农业生产技术的重要手段，是联系科研和生产的重要纽带，对发展规模农业、提高生产效率具有重要意义。我国传统农业以小农生产为主，生产力水平和农民科技文化素质不高，是当前加快推进农业标准化面临的矛盾和制约因素。例如，我国棉花、油料、糖料等经济作物综合机械化水平比较低，生产效率还不高。而在现代农业体系中，传统农业上自给自足的生产方式已逐渐被高度专业化和商品化代替，建立在农业标准化基础上的农业生产技术对农业劳动生产率、土地产出率、资源利用率的提高至关重要。因此必须大力推行农业标

准化，扩大农业规模，从而进一步提高生产效率。

④农业标准化是经营者素质高的重要推手。一般说来，能够持续提供受消费者欢迎的产品并稳定获得较高经济回报的产业才算是高素质产业，而高素质产业离不开高素质的经营者。目前，部分经营者还存在着农产品质量安全意识薄弱、只顾追求农业产出效益、忽视产品质量安全，只注重眼前效益、没有长远规划的问题。经营者必须加强农产品的标准化生产观念，摒弃粗放型种植、养殖的观念，主动接受政府监管，满足消费者对农产品优质和个性的消费需求。因此，当前发展和培育高素质农民迫在眉睫，引导家庭农场、农业专业合作社等新型经营主体、社会化服务组织规范发展刻不容缓，只有在以标准化推动经营者素质提高的基础上，才能保证产品产得好、卖得好，才能使农业产业良性发展。

⑤农业标准化是农产品国际竞争力强的有力支撑。当前，经济全球化日益加深，标准化在促进经济发展、科技进步、社会发展等方面的重要性也逐渐增加。从宏观层面来看，标准化事关经济发展。标准和标准化是科学管理的基础，会促进科技转化为生产力以产生相应的经济效益和社会效益。从微观层面来看，标准和标准化是企业组织生产和经营的依据及手段，事关企业的生存与发展。因此，标准的高低很大程度上决定着市场主导权和话语权的大小。全面推进农业标准化生产，加强标准的实施应用，既可建立健全规范化的生产链条，也可转变农业生产方式，助推品牌战略的实施，提高农产品的市场竞争力，提高产业的经济效益，走产出高效、产品安全、资源节约、环境友好的高质量发展现代农业道路。

(2) 如何进行农业标准化生产。

①要进行策划。策划的主要目标是根据市场需求和合作社、基地的现状与发展目标，确立合作社、基地农业标准体系建设的基本目标和实施步骤。农业标准化体系建设的目标要建立在市场调查和信息收集的基础上进行科学决策。市场调查主要包括合作社或基地目标市场的需求情况、竞争对手情况、社会经济环境等。信息收集主要是一些相关国家、行业、地方国家标准（包括农产品标准、食品、安全卫生、农业投入品限量标准、人身健康安全标准等）。

②标准制定与修订。根据策划的结果，制定合作社或基地的农业标准。在标准的制定过程中要特别注意，要与现行国家、行业、地方标准的衔接配套；要从标准体系设计的角度开展标准制定活动；企业、基地标准应根据技术、市场变化及国家、行业、地方标准的变化及时修订。

③准备阶段。在实施标准化工作以前，要做好各项准备。一是思想准备，

使参与方了解实施标准的重要意义和作用，自觉运用、执行和维护标准；二是组织准备，为加强对实施标准工作的领导，根据工作量大小，应组成由主要领导牵头、农技人员组成的工作组，或设置专门机构负责标准的贯彻和实施。三是技术准备，包括制作宣传、培训材料，培训参与方；制定相关岗位工作规程（作业指导书）；对关键技术的攻关；必要时开展实施的试点工作。四是物资准备，包括所需要的设备、仪器、工具、农业生产资料等。

④试点阶段。农业标准在全面贯彻实施前，可根据需要，选择有代表性的地区和单位进行贯彻标准试点。在试点时可采取"双轨制"，即贯彻企业、基地与未贯彻企业、基地相互比较，积累数据，取得经验，为全面贯彻标准创造条件。

⑤全面实施阶段。在试点成功后，可进入全面实施阶段。实施过程要特别强调，在生产各环节均应做到有标可依、有标必依、严格执行标准，在实施中进一步强化执行标准的观念。

⑥总结改进阶段。通过对标准实施过程中所遇到的困难及解决的方法进行总结，进一步提高标准的可行性和适用性。另外，还要对标准实施管理体系进行总结，提出改进计划，落实改进措施。

（3）农业标准化生产实施的机遇。 随着我国经济进入高质量发展阶段，补齐农业短板、促进农业高质量发展的要求更加迫切。2018年为农业农村部确定的"农业质量年"，围绕质量兴农，农业农村部大力推进八大行动，其中，第一项便是生产标准化推进行动，具体包括增加制定农产品品质标准、加强标准的宣传推广和使用指导，推进规模经营主体按标生产，建设100个果菜茶全程绿色标准化生产示范基地，在100个畜禽养殖场组织开展兽用抗菌药减量使用示范创建，新创建水产健康养殖场500个以上。2019年全国质量兴农推进会强调，对标"最严谨的标准"，推进农业标准化生产，增加优质绿色农产品供给。2019年2月，《国家质量兴农战略规划（2018—2022年）》发布，明确了未来一定时期内实施质量兴农战略的总体思路、发展目标和重点任务。其中，其主要目标是产品质量高、产业效益高、生产效率高、经营者素质高和国际竞争力强。这与农业标准化生产的目的相得益彰，这意味着在推进中国特色农业现代化进程中农业标准化是重要的建设内容。合作社要抓住良机，借助国家发展农业标准化的良机，从国家争取部分资金，开展农业标准化。

4.3　如何进行供应链管理，搞好合作社的营销

"延长产业链、增加农产品附加值，让农民得到更多利润"已成为许多专

业合作社的共识。合作社可以与相关组织相互合作，将农业的产前、产中和产后诸环节联结为完整的产业链条，实行多种形式的一体化经营，形成系统内部有机结合、相互促进和利益互补机制，实现资源优化配置。

4.3.1　合作社与龙头企业联合

合作社与龙头企业合作延伸产业链条的方式有多种，如合作、联办或自办加工企业。

(1)"龙头企业＋专业合作社"模式。 专业合作社自身不具备单独办加工企业的实力时，可探索与各类农业产业化龙头企业合作，使专业合作社分享加工环节利润。这种模式主要是通过契约进行联结，是订单农业的拓展。一方面，合作社为农户提供产前、产中、产后服务，并与龙头企业建立稳定的契约关系；另一方面，合作社与龙头企业进行沟通，帮助龙头企业获得稳定的原材料供应。其优点主要体现在以下几个方面：一是稳定契约关系。由于"公司＋农户"中存在着内部交易费用过高等问题，导致双方不遵守信用的概率较高。农民合作社在农户和企业之间扮演着极其重要的协调角色，一定程度上降低了龙头企业或农户违约的可能性。二是降低交易成本，实现双赢。在交易过程中，企业负责最终产品的销售，农户负责初级农产品的生产，由于农民专业合作社的加入，使得企业打交道的主体不再是众多分散的农户，而是实力较强、组织较为规范的组织机构，彼此的交易费用将大大降低。三是推进标准化生产进程。通过与农民专业合作社确定需要的产品品种和标准，可以有效地推广企业所需的标准产品。

(2) 与其他组织联办加工企业。 农民专业合作组织可以采取招商引资、股份合作等方式，与农业龙头企业或其他经济组织联合创办加工企业；也可以采取合作社直接入股龙头企业，与龙头企业结成利益共同体的方式，既可节省自办加工企业的成本，规避投资风险，同时又能分享加工环节的利润。

(3) 自办加工企业。 一体化经营模式是农民专业合作社在发展壮大后，以农民专业合作社为主体，成立企业以加工、销售社员或外部成员提供的农产品。在此模式中，企业和农户之间形成一个利益共同体，农户参与企业分红，获得产品附加值，在获取提供原材料而带来的一次性收益外，还能分享生产、加工、销售过程中的利益，实现产品利益共享。通常，自办加工企业的资金筹集可以通过增资扩股、吸收广大成员入股的方式。自办加工企业一定要广泛听取成员意见，并经成员（代表）大会或理事会表决同意。加工企业的产业链延伸方向可以是产前，也可以是产后。

案例4-2：福建省霞浦县淳盛农民专业合作社[①]

福建省霞浦县淳盛农民专业合作社位于沙渔港霞浦陇头水产集散地——陇头紫菜养殖基地。截止到2014年有成员139户，成员出资总额500万元，紫菜养殖基地面积3 360亩，年生产鲜紫菜7 000吨，带动周边农户560户，发展紫菜生产养殖面积达7 000多亩，年生产1万多吨，产值1亿多元。合作社建有加工厂1 800平方米，全自动生产线一条，还有太阳能烘干机、产品检验室、仓库等设备设施，年生产紫菜系列产品500多吨，产值3 000多万元。合作社成员人均纯收入达2.7万多元，比当地农户平均增收118.3%。

合作社选择发展紫菜产业，与其所在的农业产业密切相关。霞浦县是我国南方最早养殖紫菜、海带的地区。紫菜、海带主产区的生态环境独特，产品无论从形态、色泽、营养、口感等方面都比较优质，但因分散养殖等原因，导致当地的紫菜产业发展受阻。

为了促进当地紫菜产业的发展，2009年3月31日，林成强、吴在斌、钟祖钦、何成如、吴在雄等几位青年农民共同发起成立了霞浦县淳盛农民专业合作社。成立后，成员们很快达成共识，目前困扰整个紫菜产业发展的问题虽然有很多，但最主要的是紫菜加工问题，因没有加工厂，养殖户只能把紫菜运到其他地区加工。为了解决这个问题，除了为成员提供生产、管理、技术培训、产品销售等方面的服务外，合作社把发展重点放在了办加工厂上。经过半年多的准备，2010年5月，合作社建起了自己的加工厂。由于受到资金、技术、场地等条件的制约，加工厂看起来有点简陋。当时建立的加工厂只能对紫菜进行初加工，而且也只能进行初加工，但也解决了成员们的大问题。以前由于没有加工厂，成员们在收获后，不得不把紫菜送到其他地区加工，不仅成本高，而且在装运过程中，损失也较大。加工厂的建立，一下子就解决了这个大问题，让成员们不再为紫菜加工而发愁。

为了进一步提高加工厂的技术水平，合作社打算为新建立的工厂引进先进的生产线。由于刚刚成立，资金积累较少，先进生产线的价格却较高，让成员们感到压力非常大。但他们并没有因此而放弃，开始各方筹措资金，除了贷款、内部融资外，还找到相关政府部门寻求支持。经过近1年的努力，2011

① 吴岩. 扎实办加工　稳步求发展——记霞浦县淳盛农民专业合作社［J］. 中国农民合作社，2014（11）：22-23.

· 65 ·

年，合作社的资金终于凑齐，引进了先进的紫菜全自动生产线。从那时起，合作社单纯外销紫菜原料的时代渐趋终结，开始通过精加工提高紫菜品质，增加了产品的附加值，大幅度提高了成员的养殖收入。建立紫菜加工厂，只是合作社发展计划的第一步，合作社的真正目标，是实现紫菜收割、洗涤、烘干和包装的全程机械化。2012 年，合作社又引进了先进的太阳能烘干设备，该设备能最大限度地保存物料的活性和食品中的维生素、色泽和营养成分，且干燥时间短、干燥温度低、均匀，产品的香味浓厚、色泽亮丽，直接提高了合作社产品的品质。

为了进一步提高紫菜的生产质量，合作社又购买了国内先进的紫菜检验设备，严格按照紫菜国家等级标准，分级排检，并分别在陇头、小皓等海区设立了五个标准化紫菜养殖基地和一个育苗室，严把育苗、生产、加工三道关，对于不符合标准的原材料或产品，一律不准进入生产加工或销售环节。同时，合作社在技术质量监管部门的指导下制定了紫菜产品行业标准，注册了"淳盛"商标，并获得了使用"霞浦紫菜"地理标志证明商标的政府授权。

4.3.2　合作社与农产品专业批发市场联合

农产品专业批发市场是我国流通体制改革的集中体现，对整个经济发展起到了重要推动作用。农产品专业批发市场作为鲜活农产品流通的主渠道，比生产者自销更有效，更能节约流通时间和流通费用，并且能承担简化交易路线、流通加工、分散风险、资金融通、开发产品等职能。合作社与农产品专业批发市场相互合作，有利于促进农业产业化经营，带动农民开拓市场。

4.4　如何开展食品安全质量认证

质量认证工作是国际通行的对组织管理体系进行第三方评价的活动，它是强化质量管理、促进发展的重要手段，在规范市场行为、促进对外贸易等方面起着日益重要的作用。我国从 1991 年起正式开展认证工作。1991 年 5 月，国务院颁发了《产品认证管理条例》，标志着我国产品质量认证工作走上法制轨道。1993 年 1 月 1 日，我国正式由等效采用改为等同采用 ISO9 000 系列标准，建立了符合国际惯例的认证制度，质量认证工作取得长足的发展。2003 年 9 月 10 日国务院发布《认证认可条例》，从 2003 年 11 月 1 日起实施（2016 年修订），标志着我国的质量认证工作进入新的规范发展阶段。

4.4.1 食品安全的新概念

（1）绿色食品。绿色食品的概念由我国提出，是指产自优良生态环境、按照绿色食品标准生产、实行全程质量控制并获得绿色食品标志使用权的安全、优质食用农产品及相关产品。由于国际上通常将与环境保护有关的事物冠之以"绿色"，为了更加突出这类食品出自良好生态环境，因此定名为绿色食品。无污染、安全、优质、营养是绿色食品的特征。无污染是指在绿色食品生产、加工过程中，通过严密监测、控制，防范农药残留、放射性物质、重金属、有害细菌等对食品生产各个环节的污染，以确保绿色食品产品的洁净。

为适应我国国内消费者的需求及当前我国农业生产发展水平与国际市场竞争，从 1996 年开始，在申报审批过程中我国将绿色食品区分为 A 级和 AA级。其中，A 级绿色食品系指在生态环境质量符合规定标准的产地，生产过程中允许限量使用限定的化学合成物质，按特定的操作规程生产、加工，产品质量及包装经检测符合特定标准，并经专门机构认定，许可使用 A 级绿色食品标志的产品。AA 级绿色食品系指在环境质量符合规定标准的产地，生产过程中不使用任何有害化学合成物质，按特定的操作规程生产、加工，产品质量及包装经检测符合特定标准，并经专门机构认定，许可使用 AA 级绿色食品标志的产品。AA 级绿色食品标准已经达到甚至超过国际有机农业运动联盟的有机农产品的基本要求。

（2）有机产品。有机产品是指生产、加工、销售过程符合中国有机产品国家标准，获得有机产品认证证书，并加施中国有机产品认证标志的供人类消费、动物食用的产品；有机产品包括有机食品，但又有纺织品、饲料等。有机食品是有机产品的一类，目前我国有机产品主要包括粮食、蔬菜、水果、奶制品、饮料、酒、畜禽产品、水产品及调料等。有机产品还包括棉、麻、竹、服装、饲料（有机标准包括动物饲料）等"非食品"。近年来，我国的有机产品发展很快，2018 年，获得认证的有机植物生产面积达到 410.8 万公顷，植物类总产量 1 335.6 万吨，畜禽类总产量 518.2 万吨，水产类总产量 55.95 万吨，加工产品总产量 484.2 万吨，有机标志备案数量 19.1 亿枚，有机产品国内销售额约为 631.47 亿元人民币[①]。

（3）食用农产品合格证管理。合格证制度是农产品质量安全监管领域一项重要的制度创新，旨在建立生产经营者开具、市场经营者查验留存、监管部门

———————————

① 资料来源：中国市场监管报公众号，2019 - 09 - 25。

监管核查的合格证制度体系，为推动农业高质量发展、促进乡村振兴提供有力支撑。2016 年，为落实食用农产品生产经营者的主体责任，健全产地准出制度，保障农产品质量安全，根据《农产品质量安全法》等法律法规，农业部颁发《食用农产品合格证管理办法（试行）》，在河北、黑龙江、浙江等 6 省开展试点工作。2018 年 11 月，农业农村部农产品质量安全监管司在北京组织召开无公害农产品认证制度改革座谈会，重点讨论了改革无公害农产品认证制度可能出现的问题及产生的影响、全面推行并建立农产品合格证制度的可行性、无公害农产品认证制度改革与农产品合格证制度的工作衔接等内容。2019 年 4 月 20 日，全国食用农产品合格试点工作座谈会在浙江省台州市黄岩区举办，会议总结了食用农产品合格证制度试点工作成效和经验，要求进一步完善制度及工作方案，将食用农产品合格证制度有力有序向全国推广，选择部分品种在全国范围统一试行。

4.4.2 有机产品与绿色食品的联系与区别

与普通食品相比，绿色食品、有机产品都是安全等级更高的食品，安全是两类食品突出的共性，它们从种植、收货、加工生产、储藏及运输过程中都采用了无污染的工艺技术，实行了从土地到餐桌的全程质量控制，以保证食品的安全性。就两者的关系而言，可以简单地认为，有机产品则是质量更高的绿色食品。

就区别而言，具体体现在以下六方面。

(1) 概念不同。 有机产品是指完全不含人工合成的农药、肥料、生长调节素、催熟剂、家畜禽饲料添加剂的产品；绿色食品是指遵循可持续发展原则，按特定生产方式，经专门机构认定，许可使用绿色食品标识商标的食品，分 A 级和 AA 级。绿色食品与一般食品相比有以下显著特点：一是利用生态学的原理，强调产品出自良好的生态环境，二是对产品实行"从土地到餐桌"全程质量控制。

(2) 执行标准不同。 就有机产品而言，不同的国家，不同的认证机构，其标准不尽相同。我国有机产品尤其是有机的认证标准是根据国际有机农业运动联合会（IFOAM）有机生产和加工的基本标准，参照欧盟有机农业生产规定以及其他国家（如德国、瑞典、英国、美国、澳大利亚、新西兰等）有机农业协会和组织的标准和规定，结合我国农业生产和食品行业的有关标准制定的。目前，该项工作由中国国家认证认可监督管理委员会（以下简称"国家认监委"）制定和管理。绿色食品认证标准是由农业农村部中国绿色食品发展中心组织制定的统一标准，依据我国具体国情设定为 A 级和 AA 级。

（3）标识不同。有机产品标识由两个同心圆、图案以及中英文文字组成。内圆表示太阳，其中既像青菜又像绵羊的图案泛指自然界的动植物；外圆表示地球。整个图案采用绿色，象征着有机产品是真正无污染、符合健康要求的产品以及有机农业给人类带来了优美、清洁的生态环境。绿色食品的标识图形由上方的太阳、下方的叶片和中心的蓓蕾组成，象征自然生态；颜色为绿色，象征着生命、农业、环保；图形为正圆形，意为保护。A 级绿色食品标志与字体为白色，底色为绿色；AA 级绿色食品标志与字体为绿色，底色为白色。

（4）级别不同。有机产品虽无级别之分，但由于其在生产过程中需要 3 年的过渡期，故在过渡期生产的产品为"转化期产品"；绿色食品为 A 级和 AA 级两个等次。

（5）认证机构不同。有机产品的认证由国家认监委批准、认可的认证机构进行，北京中绿华夏有机食品认证中心（COFCC）是农业农村部推动有机农业运动发展的专门机构，是中国国家认证认可监督管理委员会批准设立的全国第一家有机产品认证机构。截至目前，我国共有 80 家认证机构开展有机产品认证活动，共有 1.2 万家企业获得有机产品认证证书 2 万余张。农业农村部中国绿色食品发展中心是我国目前唯一一家绿色食品认证机构，该中心负责全国绿色食品的统一认证和最终审批。

（6）产品价格差异明显。有机产品以初级农产品为主；绿色食品 70％为加工产品，30％为初级农产品。通常，有机产品价格高于普通食品的 50％至几倍，绿色食品的价格一般高于普通食品的 10％～20％。

4.4.3　有机产品与绿色食品如何进行认证

食品安全认证是质量认证的重要构成。对于食品生产这个特殊行业来说，食品安全是食品质量的重要组成部分，没有食品的安全性，就谈不上食品质量达标。食品安全认证是人们消费的保障和国际贸易的需要。对食品实施安全质量认证成为保障食品安全和突破贸易"绿色壁垒"的重要管理手段。建立有效的进出口食品安全保障体系，实施严格的安全质量认证制度成为必然选择。

（1）有机产品认证。

①申请。申请者向有机产品认证中心（分中心）提出正式申请，填写申请表和缴纳申请费。申请者填写有机产品认证申请书，领取检查合同、有机产品

认证调查表、有机产品认证的基本要求、有机认证书面资料清单、申请者承诺书等文件。申请者按《有机产品认证技术准则》要求建立质量管理体系、生产过程控制体系、追踪体系。

②认证中心核定费用预算并制定初步的检查计划。认证中心根据申请者提供的项目情况，估算检查时间，一般需要两次检查：生产过程1次、加工1次，并据此估算认证费用和制定初步检查计划。

③签订认证检查合同。包括：申请者与认证中心签订认证检查合同，一式3份；缴纳估算认证费用的50%；填写有关情况调查表并准备相关材料；制定内部检查员（生产加工各1人）；所有材料均使用纸质文件、电子文档各1份，邮寄或发电子邮件给分中心。

④初审。分中心对申请者材料进行初审；对申请者进行综合审查；分中心将初审意见反馈认证中心；分中心将申请者提交的电子文档通过电子邮件发至认证中心。

⑤实地检查评估。认证中心确认申请者缴纳办证所需的各项费用；派出经认证中心认可的检查员；检查员从分中心取得申请者相关资料，依据《有机产品认证技术准则》，对申请者的质量管理体系、生产过程控制体系、追踪体系以及产地、生产、加工、仓储、运输、贸易等进行实地检查评估，必要时需对土壤、产品取样检测。

⑥编写检查报告。检察员完成检查后，按认证中心要求编写检查报告；该报告在检查完成2周内将文档、电子文本交认证中心；分中心将申请者文本资料交认证中心。

⑦综合审查评估意见。认证中心根据申请者提供的调查表、相关材料和检查员的检查报告进行综合审查评估，编制颁证评估表，提出评估意见提交颁证委员会审议。

⑧颁证委员会决议。颁证委员会定期召开颁证委员会工作会议，对申请者的基本情况调查表、检察院的检查报告和认证中心的评估意见等材料进行全面审查，做出是否颁发有机证书的决定。

⑨颁发证书。根据颁证委员会决议，向符合条件的申请者颁发证书。申请者缴纳认证费剩余部分，认证中心向获证申请者颁发证书；获有条件颁证申请者要按认证中心提出的意见进行改进，并做出书面承诺。

⑩有机产品标志的使用。获证产品（如为加工产品，有机成分需在95%以上）应在产品的最小销售包装上使用有机产品国家标志及其唯一编号（有机码）、认证机构名称或者其标识。有机产品认证标志应当在有机产品认证证书

限定的产品范围、数量内使用，每一枚标志有唯一编码，可在国家认监委"中国食品农产品认证信息系统"中查询该编码。

（2）绿色食品认证。

①认证申请。申请人向农业农村部中国绿色食品发展中心（以下简称中心）及其所在省（自治区、直辖市）绿色食品办公室、绿色食品发展中心（以下简称省绿办）领取《绿色食品标志使用申请书》《企业及生产情况调查表》及有关资料，或从中心网站（网址：www.greenfood.org.cn）下载。申请人填写并向所在省绿办递交《绿色食品标志使用申请书》《企业及生产情况调查表》及以下材料：保证执行绿色食品标准和规范的声明；生产操作规程（种植规程、养殖规程、加工规程）；公司对"基地＋农户"的质量控制体系（包括合同、基地图、基地和农户清单、管理制度）；产品执行标准；产品注册商标文本（复印件）；企业营业执照（复印件）；企业质量管理手册；要求提供的其他材料（通过体系认证的，附证书复印件）。

②受理及文审。省绿办收到上述申请材料后，进行登记、编号，在 5 个工作日内完成对申请认证材料的审查工作，并向申请人发出《文审意见通知单》，同时抄送中心认证处。申请认证材料不齐全的，要求申请人收到《文审意见通知单》后 10 个工作日提交补充材料；申请认证材料不合格的，通知申请人本生长周期不再受理其申请。

③现场检查、产品抽样。省绿办应在《文审意见通知单》中明确现场检查计划，并在计划得到申请人确认后委派 2 名或 2 名以上检查员进行现场检查。检查员根据《绿色食品　检查员工作手册》（试行）和《绿色食品　产地环境质量现状调查技术规范》（试行）中规定的有关项目进行逐项检查。每位检查员单独填写现场检查表和检查意见。现场检查和环境质量现状调查工作在 5 个工作日内完成，完成后 5 个工作日内向省绿办递交现场检查评估报告、环境质量现状调查报告及有关调查资料。现场检查合格的，可以安排产品抽样。凡申请人提供了近一年内绿色食品定点产品监测机构出具的产品质量检测报告，并经检查员确认，符合绿色食品产品检测项目和质量要求的，免产品抽样检测。需要抽样检测的产品安排产品抽样：当时可以抽到适抽产品的，检查员依据《绿色食品产品抽样技术规范》进行产品抽样，并填写《绿色食品产品抽样单》，同时将抽样单抄送中心认证处，特殊产品（如动物性产品等）另行规定；当时无适抽产品的，检查员与申请人当场确定抽样计划，同时将抽样计划抄送中心认证处，申请人将样品、产品执行标准、《绿色食品产品抽样单》和检测费寄送绿色食品定点产品监测机构。现场检查不合格的，不

安排产品抽样。

④环境监测。绿色食品产地环境质量现状调查由检查员在现场检查时同步完成。经调查确认，产地环境质量符合《绿色食品 产地环境质量现状调查技术规范》规定的免测条件的，免做环境监测。根据《绿色食品 产地环境质量现状调查技术规范》的有关规定，经调查确认，有必要进行环境监测的，省绿办自收到调查报告2个工作日内以书面形式通知绿色食品定点环境监测机构进行环境监测，同时将通知单抄送中心认证处。定点环境监测机构收到通知单后，40个工作日内出具环境监测报告，连同填写的《绿色食品环境监测情况表》，报送中心认证处，同时抄送省绿办。

⑤产品检测。绿色食品定点产品监测机构自收到样品、产品执行标准、《绿色食品产品抽样单》、检测费后，20个工作日内完成检测工作，并出具产品检测报告，连同填写的《绿色食品产品检测情况表》，报送中心认证处，同时抄送省绿办。

⑥认证审核。省绿办收到检查员现场检查评估报告和环境质量现状调查报告后，3个工作日内签署审查意见，并将认证申请材料、检查员现场检查评估报告、环境质量现状调查报告及《省绿办绿色食品认证情况表》等材料报送中心认证处。中心认证处收到省绿办报送材料、环境监测报告、产品检测报告及申请人直接寄送的《申请绿色食品认证基本情况调查表》后，进行登记、编号，在确认收到最后一份材料后2个工作日内下发受理通知书，书面通知申请人，并抄送省绿办。中心认证处组织审查人员及有关专家对上述材料进行审核，20个工作日内做出审核结论。审核结论为"有疑问，需现场检查"的，中心认证处在2个工作日内完成现场检查计划，书面通知申请人，并抄送省绿办。得到申请人确认后，5个工作日内派检查员再次进行现场检查。审核结论为"材料不完整或需要补充说明"的，中心认证处向申请人发送《绿色食品认证审核通知单》，同时抄送省绿办。申请人需在20个工作日内将补充材料报送中心认证处，并抄送省绿办。审核结论为"合格"或"不合格"的，中心认证处将认证材料、认证审核意见报送绿色食品评审委员会。

⑦认证评审。绿色食品评审委员会自收到认证材料、认证处审核意见后10个工作日内进行全面评审，并做出认证终审结论。认证终审结论分为两种情况：认证合格与认证不合格。结论为"认证不合格"，评审委员会秘书处在做出终审结论2个工作日内，将《认证结论通知单》发送申请人，并抄送省绿办。本生产周期不再受理其申请。

⑧颁证。在5个工作日内将办证的有关文件寄送"认证合格"申请人，并

抄送省绿办。申请人在 60 个工作日内与中心签订《绿色食品标志商标使用许可合同》。中心主任签发证书。

4.5 如何做好合作社的产品营销

农产品营销是市场营销的重要组成部分，是指农产品生产者与产品市场经营者为实现农产品价值进行的一系列的产品价值的交易活动。农产品营销是农民专业合作社重要业务之一，它不仅关系到生产的产品能否顺利销售，关系到合作社的利润能否实现，也关系到未来生产经营计划的确定。

4.5.1 合作社主要的营销渠道形式

(1) 以"农民专业合作社＋专营店"为主的直销模式。农民专业合作社的直销模式是合作社通过零售、自建专营店或互联网平台（如微信、阿里巴巴等）直接向终端消费者销售农产品的模式。直销模式减少了流通中间环节，节约了一定的交易费用。并且，合作社能够以高于批发商收购价格而低于市场零售价格将产品销售出去，因此获得更高的收益，消费者也能获得物美价廉的产品，但其销售成本也相对较高。例如四川省泸州市纳溪区上马镇泸州杉树湾生态野鸡养殖专业合作社 2016 年正式在纳溪区的"赶场天"电商平台上线并在淘宝网建立直销体验店，2017 年上半年合作社就卖了 4 万多只野鸡，而每只野鸡的价格都是 150 元，较以前多卖 20 元。

(2) 以"农民专业合作社＋经纪人/批发商/专业批发市场"为主的农批对接模式。农批对接是"社员/基地＋农民专业合作社＋批发商/批发市场"模式，包含合作社对接批发商和批发市场两个方面。在这一模式中，农民通过加入合作社提高自身的组织化程度，以集体的力量对抗批发商或批发市场的不稳定性，农民作为社员与合作社达成口头或书面协议，将农产品按质按量交由合作社统一销售，合作社通过对农产品进行分级、加工和统一包装后，直接在田间地头或其仓库内将大批量农产品直接销售给批发商，或销往当地或外地批发市场，且合作社一般与部分批发商或批发市场中的部分买主保持较为稳定的交易关系。

作为合作社对接市场时运用频率最高的模式，该模式具有诸多优势：①销售集中、销量大。对于分散性和季节性强的农产品而言，这种销售方式无疑是一个很好的选择。②对信息反应快，为及时、集中分析、处理市场信息，做出正确决策提供了条件。③能够在一定程度上实现快速、集中运输，妥善贮藏、加工及保鲜。解决农产品生产的分散性、地区性、季节性和农产品消费集中性、全国性、常年性的矛盾。但在现实运作中同样存在着以下问题：①市场管理矛盾突出、市场体系不健全。批发商一手压低收购价、一手抬高销售价的现象时有发生。不仅农民利益受损，而且往往造成当地市场价格信号失真，管理混乱。②信息传递途径落后、对市场信息分析处理能力差。在大部分农产品交易市场，信息传递很大程度上仍依赖于口头传递和电话交流，缺乏网络等交互性强的、覆盖范围大的工具；对市场信息不能实现集中处理。③市场配套服务设施不健全，不能有效实现市场功能延伸。

（3）以"农民专业合作社＋龙头企业"为主的农企对接模式。农企对接模式又称订单销售模式，即农民专业合作社与有关龙头企业、连锁超市等签订订单合同，随后组织社员在其自有土地或合作社的生产基地种养农产品。合作社将按加工企业的要求制定相关生产操作规程，以生产出相应品种、数量和质量的农产品并交售给加工企业。尽管农户或企业违约的现象时有发生，但总体而言，农企对接模式对农民和企业自身都具有极大的益处，既保证了农户社员所生产产品的稳定购销，又能够有效地降低涉农企业对原料需求的压力，同时还降低了社员农户在农产品销售时的流通成本，将部分流通中的利润转移到农民手中，从而促进农民增收。

4.5.2 合作社主要的营销策略

随着我国农业的发展，部分农产品已出现了结构性、区域性过剩现象，农产品卖难问题越来越突出。要摆脱农产品卖难的困境，必须把握"市场需要什么产品、产品卖给谁、如何定价、怎样卖得快"等一系列问题，要以市场为载体，以质量为保证，以品牌为依托，以营销为后盾，着力提高农产品市场竞争力，发展农产品营销。农产品营销要体现价格高、销量大、效益明显，结合实际，现介绍以下营销策略。

（1）生产名、特、优产品。当前农产品市场出现的卖难，主要原因是所生产的大宗农产品不能与市场消费需求对接，缺乏名、特、优等产品。因此，要大力实施"良种工程"，加速淘汰滞销品种，以质取胜，以优增收，以名特促发展，在提高产品档次、提升产品质量上下功夫。同时引进推广名、特、优新品种，并依靠农业新技术、新工艺、新机械，减少农产品的生产费用投入，实行农产品的规模化、集约化经营，努力降低单位农产品的生产成本，追求最佳经济效益。

（2）上市之前先摸底。农产品在需求上存在着地域差异，许多精明的合作社在产品上市之前就已摸清市场的购销动向、行情走势，瞄准了销售对象，并建立起较为稳定的直线流通渠道，产品一上市就可销售出去。

(3) 不赶旺季赶淡季。农产品由于气候、品种等因素直接影响着市场，随着季节的变化产品存在着较大的价格差，如蔬菜、瓜果等农产品，旺季和淡季的价格往往相差很大。合作社应该掌握这个规律，努力发展早熟和反季节品种，使产品上市时间提前或推迟；或者在生产旺季时将一些农产品进行保鲜贮藏，等到淡季出售，卖出好价钱。

(4) 寻找多种销售渠道。在市场经济条件下，寻找多种销售渠道，使产品能及时销售出去，减少不必要的损耗，不失为明智之举。在这方面可以找购销、贩运专业户经销；还可以采取"联合体"的办法，搞产供销一条龙经营，平等互利，共同受益。

(5) 利用传媒"喊"着卖。有的农产品质量很好却卖不出去的原因就在于缺乏市场知名度。近年来，现代大众传媒如期刊、报纸、电视、广播、网络等，其传播功能正被越来越多的农民朋友看好，已逐渐成为农村农副产品推销的主要媒体。可以尝试着通过大众传媒发布信息，让销地市场从中捕获产地信息，激发市场需求，从而促进销售。

(6) 展示展销。参加专业合作社优质（特色）农产品博览会、展示会、推介会及经贸洽谈会，推动专业合作社参与国内外的农产品博览会。有条件的合作社要借国家开展《2008 年农产品促销项目》的机会，推动建立专业合作社农产品展示、展销中心。该项目的内容包括两部分：一是农产品国际促销项目。主要考虑不同国家和地区消费者对我国农产品的消费基础和认知度，组织国内农产品生产经营企业参加国际上有较大影响的农产品展示销售活动或专项推介活动。要求组织单位在行业中有影响力，有一定的出国办展经验，熟悉中国农产品在活动举办地的消费情况。二是农产品国内促销项目。一方面根据我国优势农产品的区域布局选择促销品种和促销活动举办地点；另一方面展示会、交易会等产销对接类的促销活动，要具有一定的基础，并有国际性或全国性影响，争取得到当地省级人民政府的支持。合作社要借国家优惠政策，搞好产销衔接，强化营销宣传推介，培育市场品牌，提升市场影响力，更有效地占领国内外市场。

(7) 选好运输方式。在得知某地急需哪种农产品的准确信息后，还应考虑运输方式。对于一些急需的瓜、果、菜等农产品，远距离运输宜采用快捷运输方式，虽然运输费用稍高一些，但如果及时抓住市场，所获的利润也往往比较丰厚；对于一些耐贮藏的如马铃薯、生姜、大蒜等可通过当地的铁路资源，发挥运输成本低的优势，在销地形成价格差，扩大营销。

第5章 农民专业合作社的合并、分立、解散和清算

农民专业合作社的合并、分立、解散和清算既包含财产分割、债务清偿等实体性法律制度，也包含通知、公告等程序性法律制度。这一部分法律制度的核心问题是当法定事由出现或者法定及约定的条件成熟时，对合作社的财产及债权债务的妥善处置。其中，妥善的含义是对成员利益与合作社交易相对人利益的兼顾。合作社的合并与分立问题，重点是要解决合并分立后的债权债务的承继主体。合作社合并的，不论是吸收合并还是新设合并，其债权债务应当由合并后存续或者新设的组织承继；合作社分立的，如果事先没有与债权人之间达成协议，则应由分立后的合作社承担连带责任。基于农民专业合作社的特殊性及其在我国的发展实践，《农民专业合作社法》对其解散和清算做出了与其他法律不同的规定。主要表现在：①在清算时，如果清算组已经就清算事项通知其所有成员和债权人的，则免除其公告义务；②接受国家财政直接补助形成的财产在解散破产清算时，不得作为可分配剩余财产分配给成员，而应当按照国务院有关部门有关规定执行；③农民专业合作社破产时，其破产财产在清偿破产费用和共益债务后，应当优先清偿破产前与农民成员已发生交易但尚未结清的款项，该规定说明农民成员与本组织交易而形成的债权不同于一般债权，而具有优先受偿的性质。

5.1 如何办理农民专业合作社的合并

5.1.1 农民专业合作社合并的内涵

农民专业合作社合并，是指两个或者两个以上的农民专业合作社通过订立合并协议，合并为一个农民专业合作社的法律行为。一般是为了某种共同的经营目的，如扩大生产经营规模、更好地为成员服务、开发服务项目等，合并组成为一个合作社的情形。

5.1.2 农民专业合作社合并的类型

农民专业合作社合并根据形式可分为两类：

一是吸收合并，指两个或两个以上的农民专业合作社合并时，合并一方并入另一方的法律行为。采取吸收合并方式的，吸收方存续；被吸收方法人资格消灭。合并后存续的合作社，应当依法到市场监督管理部门办理变更登记；被吸收的合作社应当依法到市场监督管理部门办理注销登记[①]。

二是新设合并，指两个或两个以上的合作社合并成为一个新合作社的法律行为。采取新设合并方式的，合并各方的法人资格消灭，并应当依法到市场监督管理部门办理注销登记。

5.1.3　合作社合并的主要特点

合作社合并具有以下主要特点：

(1) 从主体上看，合并各方必须是合作社，是两个或两个以上合作社合并为一个合作社。

(2) 从形式上看，合作社合并可以分为吸收合并与新设合并两种。吸收合并是指两个或两个以上合作社合并后，只有一个合作社存续，其他合作社消灭，其法人主体资格也随之消灭。新设合并是指原合作社都因合并而消灭，并成立一个新的合作社。

(3) 从结果上看，因合并而消灭的合作社，其债权、债务应当由合并后存续或者新设的组织承继。

(4) 从成员身份变化上看，合作社合并后，原合作社成员取得存续合作社或者新设合作社成员资格，但自愿退社者除外。

5.1.4　合作社合并与合作社资产收购的区别

为了准确把握合作社合并的性质，必须将合作社合并与合作社资产收购区别开来。合作社资产收购是指一个合作社购买另一个合作社的部分或者全部资产的行为，收购合作社与被收购合作社在收购行为完成后仍然存续。合作社合并与合作社资产收购的区别主要在于：

(1) 资产转移不同。在合作社合并中，资产是概括转移，所转移的是消灭合作社的全部资产，而不是部分资产；而在合作社资产收购中，所转让的既可以是被收购合作社的全部财产，也可以是部分财产。

(2) 债务承担不同。在合作社合并中，被合并合作社的全部债务转移至存

---

① 王瑞贺，张红宇，赵铁桥. 中华人民共和国农民专业合作社法释义 [M]. 北京：中国民主法制出版社，2018：109 - 110.

续合作社或者新设合作社；而在合作社资产收购中，除合同明确约定收购方承受被收购方的债务外，收购方不承担被收购方的债务。

（3）成员权利不同。在合作社合并中，存续或新设合作社为承继已消灭的合作社的资产而支付的有价物品，如现金或者存续或新设合作社的股金，直接分配给消灭合作社的成员，消灭合作社的成员因此获得现金或者成为存续或新设合作社的成员；而在合作社资产收购中，收购方为受让资产而支付的有价物品属于被收购合作社，而与被收购合作社的成员无关。

（4）法律后果不同。合作社合并是合作社法人主体资格的合并，必然导致一方以上合作社消灭，被消灭合作社的全部权利和义务由存续或新设合作社承受；而合作社资产收购是一种资产买卖行为，不影响合作社法人主体资格，也不一定导致合作社的消灭。

另外，合作社合并绝不能通过股金收购的方式进行。由于第三者加入合作社必须经成员大会决议，每个成员所持股金通常受到一定限制。因此，合作社不能通过股金收购的方式进行合并。

5.1.5 合并程序及其法律效果

合作社合并不仅涉及全体成员的利益，而且涉及债权人等相关者的利益，因此，合作社合并必须依照法定程序进行。

（1）订立合并协议。合作社合并以合作社间订立合并协议为基础，由准备合并的各方法定代表人以各自合作社的名义，就合并事宜达成协议，并依据该协议进行合作社的合并。合作社的法定代表人签订合并协议，要事先经过成员大会或者成员代表大会授权。

（2）通过合并协议。理事会代表各自合作社签订的合并协议，须经各自合作社成员大会以特别决议方式通过，方能发生法律效力。依据《农民专业合作社法》规定，合作社合并决议由合作社的权力机构——成员大会作出。农民专业合作社召开成员大会，出席人数应当达到成员总数 2/3 以上。成员大会作出合并的决议应当由本社成员表决权总数的 2/3 以上通过。章程对表决权数有较高规定的，从其规定。但需要明确几点：其一，如果合并的结果加重了成员的责任，比如，每股金额的提高等，那么，未经成员本人同意，对其不产生约束力；其二，对合并协议持有异议的成员，可以退出原合作社；其三，若参与合并的合作社有一方成员大会对合并协议决议不同意，除非有特别约定，否则原各方签订的合并协议即归无效。

（3）编制资产负债表与财产清单。合并协议经各自成员大会决议通过后，参与合并的各方即应编制资产负债表与财产清单，并经审计部门审计确认。这些资产负债表、财产清单及审计部门出具的审计报告应当备置于合作社，以供合作社成员及其债权人查阅。

(4) 通知债权人。 农民专业合作社进行生产经营，不可避免地会对外产生债权债务。合作社合并后，至少有一个合作社丧失法人资格，而且存续或者新设的合作社也与以前的合作社不同，对于合作社合并前的债权债务，必须要有人承继。合作社应当自作出合并决议之日起 10 日内通知债权人。合作社合并导致民事主体的变化，财产与债务的转移，对合作社债权人的利益可能产生不利影响。因此，法律将对债权人的保护作为规制合作社合并的重要内容。为了保护债权人的利益，《农民专业合作社法》第四十六条规定，农民专业合作社合并，应当自合并决议作出之日起 10 日内通知债权人。合并各方的债权、债务应当由合并后存续或者新设的组织承继。债权人自接到通知书之日起 30 日内，未接到通知书的自公告之日起 45 日内，可以要求合作社清偿债务或者提供相应担保。合作社债权人如在规定期限内未提出清偿债务或者提供相应担保主张，视为认可合作社合并，同意其债权转移至合并后的合作社。但是，如合作社不依法通知债权人或者以公告方式告知债权人，不得以其已合并为由对抗债权人清偿债务或提供相应担保的请求。

(5) 实施合并。 签订合并协议，合作社合并协议是两个或两个以上的合作社就有关合并的事项达成一致意见的意见表示。合作社合并协议应当采取书面形式，并由合并各方在协议上签名、盖章。合并协议经参与合并各方成员大会决议通过后即发生法律效力，但是，合并协议发生法律效力并不等于参与合并的各方已经合并。参与合并的各合作社必须经过特定的合并行为，方能完成合并。在吸收合并中，消灭合作社的成员应当办理加入存续合作社手续，并应当迅速召集合并之后的成员大会，报告合并事项，有必要修改合作社章程的，应当进行修改，成员大会后，参与合并的各方合作社应当被视为已经合并。在新设合并中，应当推选专人起草合作社章程，召开创立大会，在创立大会完成后，参与合并的各方合作社应当被视为已经合并。

(6) 合并登记。 合作社合并后，应当及时申请登记。合并登记分为变更登记、注销登记和设立登记。因合并而存续的合作社，应当办理变更登记；因合并而解散的合作社，应当办理注销登记；因合并而新设立的合作社，应当办理设立登记。合作社合并只有依法登记后，才产生法律上的效力。

合作社合并的法律效果主要是：其一，合作社的消灭，即一个以上合作社因合并而消灭。此种消灭不同于解散，它无须经过清算，直接消灭原合作社的法人主体资格。其二，合作社的变更或设立。在吸收合并中，存续合作社因承受消灭合作社的权利与义务而需变更注册出资金额、成员人数、合作社章程等，应当进行变更登记。在新设合并中，参与合并的合作社全部消灭而设立新的合作社，新设合作社则应当进行设立登记。其三，合并后存续或新设立的合作社，必须无条件地承继因合并而消灭的合作社的债权与债务。合并后存续或新设的合作社对所承诺的债权，有依法处分的权利，对所承继的债务，有依法清偿的义务。

5.2 如何办理农民专业合作社的分立

5.2.1 农民专业合作社分立的内涵

农民专业合作社的分立是指一个农民专业合作社依法分成两个或者两个以上的农民专业合作社的法律行为。一般是农民专业合作社因经营期限届满、多数成员退出等因素而由成员大会界定解散组织、清理债权义务，使其归于终止的情形。

5.2.2 农民专业合作社分立的类型

根据分立形式不同，分立可以分为两类：

一是新设分立。指将原来的一个合作社依法分割成两个或两个以上新的合作社的法律行为。需说明的是，分立后的合作社要符合合作社设立的法定条件。

二是派生分立。指原合作社保留，但对其财产作相应分割，另外成立一个新合作社的法律行为。无论原合作社办理变更登记，还是派生的新合作社办理设立登记，都应符合合作社成立的法定条件①。

5.2.3 分立程序及其法律效果

为了确保成员及利益相关者的合法权益，农民专业合作社分立需要按照法定程序进行，这些程序主要包括：

(1) 通过分立决议。合作社的分立必须经成员大会以特别决议的方式通过。至于合作社分立的议案，可以由理事会主动提出，也可以由一定比例的成

---

① 王瑞贺，张红宇，赵铁桥. 中华人民共和国农民专业合作社法释义［M］. 北京：中国民主法制出版社，2018：111.

员申请理事会提出。由成员大会通过分立决议是分立程序的第一步。

(2) 订立分立协议。分立各方必须签订分立协议，就成员安排、分立形式、财产分割方案、债权债务承继方案、违约责任、争议解决方式以及分立各方认为需要规定的其他事项进行约定。分立协议应当自分立各方签订之日起生效，分立各方另有约定的除外。

(3) 编制资产负债表和财产清单。分立协议生效后，原合作社即应编制资产负债表与财产清单，并经审计部门审计确认。这些资产负债表、财产清单及审计部门出具的审计报告应当备置于合作社，以供成员及其债权人查阅。

(4) 通知债权人。《农民专业合作社法》第四十七条规定，农民专业合作社分立，其财产作相应的分割，并应当自分立决议作出之日起10日内通知债权人。分立前的债务由分立后的组织承担连带责任。但是，在分立前与债权人就债务清偿达成的书面协议另有约定的除外。农民专业合作社的分立一般会影响债权人的利益，根据《农民专业合作社法》规定，合作社分立前债务的承担有以下两种方式：一是按约定办理。债权人与分立的合作社就债权清偿问题达成书面协议的，按照协议办理。二是承担连带责任。合作社分立前未与债权人就清偿债务问题达成书面协议的，分立后的合作社承担连带责任。债权人可以向分立后的任何一方请求偿还债务，被请求的一方不得拒绝。否则，债权人有权依法依照法定程序向人民法院提起诉讼。

(5) 实施分立。分立协议发生法律效力并不等于合作社已经分立。分立各方必须通过实施特定的分立行为，方能完成分立。在存续分立中，新设合作社应当推选专人起草合作社章程，召开创立大会；原合作社也应当迅速召开分立后的成员大会，报告分立事项，有必要修改合作社章程的，应当进行修改。新设合作社创立大会与原合作社成员大会后，分立各方应当被视为已经分立。原合作社应当按照分立协议约定向新设合作社交付财产，并办理债权债务承继手续。需要进行财产登记的，新设合作社成立后应及时办理登记手续。在新设分立中，各新设合作社应当推选专人起草合作社章程，召开创立大会，创立大会后，分立各方应当被视为已经分立。新设各合作社也应当按照分立协议约定，对原合作社财产进行分割，并办理债权债务承继手续，需要进行财产登记的，新设合作社成立后应当及时办理财产登记手续。

(6) 分立登记。合作社分立后，应当及时申请登记。这里所说登记包括三种情况：其一，分立后存续的原合作社，应当申请办理变更登记；其二，分立后消灭的原合作社，应当申请办理注销登记；其三，分立后新设的合作社，应当申请办理设立登记。

合作社分立的法律效果主要是：其一，合作社的变更、设立与消灭。在存续分立中，原合作社发生变更，同时，新的合作社因分立而产生。在新设分立中，原合作社法人主体资格消灭，而产生两个以上新的合作社。其二，成员的变动。合作社的分立是成员的一种重新组合。在存续分立中，原合作社部分成员从中分离出来，成为新合作社的成员。在新设分立中，原合作社成员全部从原合作社中分离出来，并各自成为新合作社成员。其三，财产分割与债权债务的承继。合作社分立时，应当按照分立协议约定对原合作社财产进行分割，同时，分立后的合作社应当按照分立协议约定或者法律规定，承继原合作社的债权与债务。

需要注意的是，农民专业合作社的分立不同于解散，作为债务人的主体并不因此而消失，但由于这种分立要引起债务承担主体的变化，在分立前，应就债务履行做出安排，并在分立决议中做出规定。对于债务的承担，一是应由与债务有相对应业务的农民专业合作社承担，例如原合作社将农副产品加工业务分立出来组成新社，则这种加工业务所产生的债务应由分立出的承担加工业务的新合作社承担；二是无论债务由谁承担，其他分立的农民专业合作社都要承担连带责任，即承担债务的农民专业合作社不能履行债务时，其他未承担债务的分立新社应代其履行债务；三是尽管有上述法律的安排，如果在分立时，分立各方对于债务履行另有约定的，法律允许按约定的方式办理。当然这种约定不能使债权人的利益受到损害，否则约定应当无效。

5.3 如何办理农民专业合作社的解散与清算

5.3.1 农民专业合作社解散的内涵

所谓农民专业合作社解散是指合作社因发生法律规定的解散事由而停止业务活动，最终使法人资格消灭的法律行为。其法律特征主要有：①合作社解散的目的和结果是要终止存在、消灭合作社法人主体资格。②合作社解散不等于合作社消灭，它只是合作社消灭的原因，只有合作社登记机关的注销行为才直接导致合作社消灭。③为了维护交易安全并保障成员与债权人的权益，除合作社因合并与分立而解散外，其余必须要经过法定清算程序，才能消灭合作社。

5.3.2 合作社解散类型及原因

根据合作社是否自愿解散，可以将合作社解散分为自行解散和强制解散两种情况。它们各自的解散原因及解散的法律效果如下：

(1) 自行解散。 也称为自愿解散，是指依合作社章程或成员大会决议而解散的。这种解散与外在因素无关，而取决于合作社成员的意志。自愿解散的原因主要有：

①合作社章程规定的解散事由出现。通常指合作社约定的存续期限届满，成员大会未形成继续存在决议而解散。一般来说，解散事由是合作社章程的必要记载事项，合作社的设立大会在制定合作社章程时，可以预先约定合作社的各种解散事由，如合作社的存续期间、完成特定业务活动等。如果在合作社经营中，规定的解散事由出现，成员大会或者成员代表大会可以决议解散合作社。如果此时不想解散，可以通过修改章程的办法，使合作社继续存续，但这种情况应当办理变更登记。

②成员大会决议解散。成员大会是合作社的权力机构。根据《农民专业合作社法》的规定，成员大会有权对合作社的解散事项作出决议。《农民专业合作社法》第三十条规定，农民专业合作社召开成员大会，做出解散的决议应当由本社成员表决权总数的 2/3 以上通过。章程对表决权数有较高规定的，从其规定。成员大会决议解散合作社，不受合作社章程规定的解散事由的约束，可以在合作社章程规定的解散事由出现前，根据成员的意愿决议解散合作社。根据《农民专业合作社法》第三十二条规定，成员代表大会按照章程规定可以行使成员大会的部分或全部职权。也就是说，在设有成员代表大会且依照章程享有做出解散决议职权的农民专业合作社中，成员代表大会也可以做出解散决议。由于合作社解散涉及多方面的利益关系，需要慎重对待。

③成员人数少于法定最低人数。合作社应当有最低法定成员人数的限制，合作社在运行中，如果成员人数少于最低法定人数，那么，合作社就丧失了存在的法定要件，当然应当解散。

④合作社合并。在吸收合并中，吸收方存续，被吸收的合作社应当解散；在新设合并中，合并各方均应当解散。

⑤合作社分立。当合作社分立时，如果原合作社存续，则不存在解散问题；如果原合作社分立后不再存在，则原合作社应当解散。合作社的合并、分立决议均应由成员大会做出。

(2) 强制解散。 强制解散是指因政府有关机关的决定或法律判决而发生的解散。这种解散不是合作社自己的意思表示，而是外在意思的结果。

强制解散的原因主要有：

①破产。农民专业合作社是具有法人地位的经济组织。根据《农民专业合作社法》规定，农民专业合作社破产适用企业破产法的相关规定。农民专业合

作社解散清算时，发现其资产不足以清偿债务的，清算组应当停止清算工作，依法向人民法院申请宣告合作社破产。合作社破产，是指合作社不能清偿到期债务时，为保护债权人的利益，依法定程序，将合作社的资产依法在全体债权人之间按比例公平分配，不足的部分不再清偿的法律制度。农民专业合作社破产，事关其成员和债权人利益，因此，合作社不能自行宣告破产，债权人也无权宣告合作社破产。有权宣告合作社破产的机关为人民法院，债权人可以向人民法院申请宣告合作社破产还债，合作社也可以向人民法院申请宣告破产还债。人民法院裁定宣告合作社破产后，由有管辖权的人民法院接管并负责处理该合作社的破产事宜。

②行政解散。行政解散属于行政处罚的方式，是指合作社违反法律、行政法规而被行政主管机关依法责令解散。换言之，当合作社营运严重违反了市场监管、劳动、环境保护等法律法规与规章时，为了维护市场秩序，有关主管机关可以做出吊销营业执照、责令关闭或者撤销主体资格等决定，从而解散合作社。例如，依法被吊销营业执照是指合作社因违法行为，其已取得的营业执照被依法吊销，使其丧失合作社经营资格。依法被撤销是指合作社因已取得的合作社登记被依法撤销而丧失法人资格。如《农民专业合作社法》第七十条规定，农民专业合作社向登记机关提供虚假登记材料或者采取其他欺诈手段取得登记的，由登记机关责令改正，可以处以五千元以下罚款；情节严重的，撤销登记或吊销营业执照。合作社被吊销营业执照或被撤销登记的，应当解散。

③司法解散。合作社的司法解散是指合作社经营管理发生严重困难，继续存续会使成员利益蒙受重大损失，通过其他途径不能解决的，合作社一定比例以上成员，可以请求人民法院解散合作社。除因合并与分立事由导致合作社解散的之外，因其他事由须解散的合作社在解散之后应立即进入清算程序，清算的目的在于处分合作社财产并处理未了结事务。解散的合作社，已经丧失经营活动能力的，应当停止其积极的业务活动，至清算终止前，其行为能力一般只能给予清算事务，并且只能作为清算法人而存续。清算期间，尽管合作社内部机关仍然存在，但是，合作社理事的职权已由清算人员代为行使；监事机构也只能在清算目的范围内行使职权。

5.3.3　农民专业合作社清算的内涵及特征

（1）**农民专业合作社清算的含义。**农民专业合作社清算，指农民专业合作社解散后，依照法定程序清理合作社债权债务、处理合作社剩余财产、使合作社归于消灭的法律行为。《民法通则》第四十条规定，法人终止，应当依法进行清算，停止清算范围外的活动。清算的目的是为了保护合作社成员和债权人的利益，除合作社合并、分立两种情形外，合作社解散后都应当依法进行清算。

（2）合作社解散清算的基本特征。农民专业合作社一经解散即不能再以合作社的名义从事经营活动，并应当进行清算。合作社清算完结，其法人资格消灭。但是，并非所有的合作社解散必然需要清算，例如《农民专业合作社法》第四十八条第（三）项规定，因合作社合并或者分立需要解散的，其债权债务全部由合并或者分立后存续或者新设立的合作社承继，故不用成立清算组进行清算。根据《农民专业合作社法》第四十八条规定，因章程规定的解散事由出现、成员大会决议解散，依法被吊销营业执照或被撤销而解散的，应当在解散事由出现之日起十五日内由成员大会推举成员组成清算组，开始解散清算。逾期不能组成清算组的，其成员、债权人可以向人民法院申请指定成员组成清算组进行清算，人民法院应当受理该申请，并及时指定成员组成清算组进行清算[①]。清算工作的主要内容是处理财务问题，解散清算的实质就是一种特殊形式的财务清理，有三个基本特征。

①解散清算是一种正常性财务处理行为。合作社解散清算与破产清算有本质区别。破产清算是因合作社经营管理不善造成严重亏损、不能清偿到期债务、无法维系持续的生产经营时，由人民法院依法受理的司法案件。具体程序由债务人所在地人民法院管辖，以司法立案方式组织进行，清算的宗旨主要是对资本和债务负责。合作社被宣告破产后，由政府监察部门和审计部门负责查明其破产的责任；而解散清算是因自身持续经营失去保证条件，在决定自行或被迫解散时而发生的财务清理业务。具体清算方案、程序等，由合作社在章程中自行确定或由成员大会审议批准，清算的宗旨则主要是保护有关债权人、债务人和成员在合作社的合法权益，核心宗旨是对全体成员负责。一般清算后，不存在社会责任追究问题，只要求按原章程规定和相关的财务与会计法规，处理好清算过程中的全部业务事项。

②解散清算具有明确的法律约束性。合作社日常财务清理工作，通常由财务部门或财务人员安排组织，操作中也多是涉及专门的财会业务事项，如核对款物、清查盘点、调整账项等。一般没有非常明显或严格具体的时限规定，清理的目的主要是规范日常财务行为。而作为特殊形式财务清理的合作社解散清

---

①　王瑞贺，张红宇，赵铁桥．中华人民共和国农民专业合作社法释义［M］．北京：中国民主法制出版社，2018：112－113.

算与日常财务清理相比较，则不再是合作社单方面一家的事情。对此，《农民专业合作社法》第四十八条明确规定：合作社"应当在解散事由出现之日起十五日内由成员大会推举成员组成清算组，开始解散清算。逾期不能组成清算组的，成员、债权人可以向人民法院申请指定成员组成清算组进行清算，人民法院应当受理该申请，并及时指定成员组成清算组进行清算"。所以，合作社解散清算不仅有具体的时限规定，而且还要受到广大成员、债权人和人民法院等多方当事人的意向主张影响，这些权利影响是国家法律确定的，对实际工作组织有明显的约束性。

③解散清算具有经常性。作为一般的社会经济组织，自身都有一种无限持续经营的心理欲望，正是这种符合市场发展规律的客观欲望，始终激励着广大经营者，不断加强经营管理，扩充资本规模，增强竞争优势。但合作社是广大农民按照加入自愿、退出自由等原则，在其章程规定的范围内，依法开展农业生产经营和服务活动的互助性经济组织。它与一般的社会经济组织相比，能否保持持续经营，并不是直接地取决于这种客观的心理欲望，还要受广大成员对合作社的信心大小、成员自家生产经营结构的调整改变以及成员个人气质性格的差异影响，受原章程约定的合作期限等其他特殊因素的影响。这些不确定性因素的影响才是决定一个合作社能否无限持续经营发展的根本要素。因此，合作社与自身经营愿望相对应，在日常运转中面临的解散概率，要比其他企业等经济组织相对明显、相对经常。即使合作社本身不愿去做这种主观设想，但在客观上，每一个合作社都可能随时发生解散清算事宜，这并不以人们的主观意志为转移。

5.3.4 清算的工作内容

合作社的解散清算工作，因经营状况和经营内容等不同而有差异，但从《农民专业合作社法》第六章规定的清算组职责和有关事项处置程序上理解，其主要业务工作内容包括以下几个方面：

（1）按程序成立清算小组并明确清算职责。清算小组成立的途径有两条：一是经成员大会推举成员组成清算组。按照《农民专业合作社法》规定，农民专业合作社因章程规定的解散事由出现、成员大会决议解散，依法被吊销营业执照或被撤销而解散的，应当在解散事由出现之日起十五日内由成员大会推举成员组成清算组，开始解散清算。由于农民专业合作社是一种经营机构，存续一日即要发生一日的费用，在决定解散后应尽快组成清算组予以清算。为此，《农民专业合作社法》要求在解散事由出现之日起十五日内，由成员大会推选成员组成清算组开始解散清算。二是由人民法院指定成员组织清算组。为保护合作社成员和债权人的利益，《农民专业合作社法》规定，农民专业合作社逾期不能组成清算组的，成员、债权人可以向人民法院申请指定成员组成清算组进行清算，人民法院应当受理该申请，并及时指定成员组成清算组进行清算。

清算小组从成立之日起全权接管合作社，负责所有清算事宜。清算小组属临时性工作机构，其实际职责只在合作社决定解散时才予行使，清算结束后，自动终止解散。清算小组在清算期间，主要负责制定清算清偿方案，并报成员（代表）大会审议通过，并履行清理处置财产及债权、清偿法定债务、编制资产负债表和财产清单、处理未了财务事项、分配剩余财产等职责。另外，成员大会在推举清算小组成员时，应当充分考虑吸收或保留一定比例的财务会计人员参加，以便业务操作。

（2）界定清算财产范围。 清算财产包括宣布清算时，合作社账内账外的全部财产以及清算期间取得的资产等，都应当列入清算财产一并核算。但为保证清算规范和清算兑现，对已经依法作为担保物的财产相当于担保债务的部分，不能再列入清算财产。另外，为规范清算工作、保全合作社债权人与债务人的合法权益，避免以后发生误会或矛盾纠纷，在宣布经营终止前一定日期（如规定 6 个月或 3 个月等）至经营终止之日期间内，如有发生隐匿私分或者无偿转让财产、压价处理财产、增加债务担保、提前清偿未到期的债务、随意放弃债权等财务行为的，应视为无效，涉及资产应作为清算财产入账。清算期间未经清算小组同意，不得处置合作社财产。

（3）计算清算财产价值。 对清算财产应进行合理作价，防止"图省事，估大堆"，要为清偿分配打下好的基础。根据会计客观性原则和权责发生制原则，对清算财产一般以账面净值或者变现收入等为依据计价，也可以重估价值或按聘请专业机构评估的结果为依据计价。但应注意，只要能够保持合作社清算工作顺利进行，各方当事人意见能够协调一致，就不必采取评估方式计价，以尽量简化工作程序，节约清算成本。合作社解散清算中发生的财产盘盈或者盘亏，财产变价净收入，因债权人原因确实无法归还的债务、确实无法收回的债权，以及清算期间的经营收益或损失等，全部计入清算收益或者清算损失。

（4）确定财产清偿分配顺序。 合作社进行解散清算中不产生共益债务，所以，在清算财产及收益确定后，依照惯例应首先拨付清算费用。然后按照《农民专业合作社法》第五十二条规定的顺序，在支付清算费用、清偿员工工资及社会保险费用，清偿所欠税款和其他各项债务后，再按财产分配的规定向成员分配剩余财产。如果发现合作社财产不足以清偿债务的，清算组应当停止清算工作，依法向人民法院申请破产。

5.3.5 清算的工作程序

因章程规定的解散事由出现、成员大会决议解散或者依法被吊销营业执照或者被撤销等原因解散的，应当在解散事由出现之日起 15 日内由成员大会推举成员组成清算组，开始解散清算。逾期不能组成清算组的，成员、债权人可以向人民法院申请指定成员组成清算组进行清算，人民法院应当受理该申请，并及时指定成员组成清算组进行清算。清算组是指在合作社清算期间负责清算事务执行的法定机构。合作社一旦进入清算程序，理事会、理事、经理即应停止执行职务，由清算组行使管理合作社业务和财产的职权，对内执行清算业务，对外代表合作社。清算组自成立之日起接管农民专业合作社，负责处理与清算有关未了结业务；清理财产，包括编制资产负债表和财产清单；清理债权、债务；分配清偿债务后的剩余财产；代表农民专业合作社参与诉讼、仲裁或者其他法律程序；清算结束时办理注销登记。清算组成员应当忠于职守，依法履行清算义务，因故意或者重大过失给农民专业合作社成员及债权人造成损失的，应当承担赔偿责任。农民专业合作社清算工作的程序是：

（1）**清算人员选任登记。**清算人员被选任后，应当将清算人员的姓名、住址等基本情况及其权限向注册登记机关登记备案。非经登记，不能对抗第三人。首次确定的清算人员及其权限应当由合作社理事会申请登记；更换清算人员与改变清算人员权限应当由合作社清算组申请登记。法院任命或者解任清算人员的登记，也应当依此规定进行。

（2）**处理合作社未了结事务。**合作社未了结的业务主要是指合作社解散前已经订立，目前尚在履行中的合同事项等。对合作社尚在履行的合同是继续履行或终止履行，清算组有权根据清算工作的需要，作出决定，但是无权进行与清算无关的新的业务活动。清算组在处理此项业务时应当坚持两条原则：第一，作出的处理决定必须合法；第二，有利于保护合作社和债权人的合法权益。

（3）**通知、公告合作社成员和债权人。**合作社在解散清算时，由清算组通知本社成员和债权人有关情况，通知公告债权人在法定期间内申报自己的债权。为了顺利完成债权登记、债务清偿和财产分配，避免和减少纠纷，《农民专业合作社法》第五十条规定，对清算组通知、公告合作社成员和债权人的期限和方式作了限定：清算组应当自成立之日起十日内通知本社成员和明确知道的债权人；而对于不明确的债权人或者不知道具体地址和其他联系方式的，由于难以通知其申报债权，清算组应自成立之日起六十日内在报纸上公告，催促债权人申报债权。如果在规定的期间内全部成员、债权人均已收到通知，则免除清算组的公告义务。债务人应在规定的期间内向清算组申报债权。具体来说，收到通知书的债权人应自收到通知书之日起 30 日内，向清算组申报债权；未收到通知书的债权人应自公告之日起 45 日内，向清算组申报债权。债权人申报债权时，应在债权申报书中明确提出其债权内容、数额，债权成立的时间、地点，有无担保等事项，并提供相关证明材料，清算组对债权人提出的债权申报应当逐一查实审核，并作出准确翔实的登记。这里需要说明的是，在债权申报期间内，清算组不能对个别的债权人进行清偿。因为如果清算组在此期间对已经明确的债权人进行清偿，有可能造成后申报债权的债权人不能得到清偿，这是对其他债权人权利的严重侵害①。

（4）提出清算方案由成员大会确认。清算方案是由清算组制定的如何清偿债务、如何分配合作社剩余财产的一整套计划。清算组在清理合作社财产、编制资产负债表和财产清单后，应尽快制定包括清偿农民专业合作社工人的工资及社会保险费用、清偿所欠税款和其他各项债务，以及分配剩余财产在内的清算方案。清算组制定出清算方案后，应报成员大会通过或者人民法院确认。

（5）实施清算方案，分配财产。清算方案经农民专业合作社成员大会通过或者人民法院确认后实施。分配财产是清算的核心。清算方案的实施必须在支付清算费用、清偿员工工资及社会保险费用、清偿所欠税款和其他各项债务后，再按财产分配的规定向成员分配剩余财产。如果发现合作社财产不足以清偿债务的，清算组应当停止清算工作，依法向人民法院申请破产。依据《农民专业合作社法》第五十五条规定，农民专业合作社破产适用企业破产法的有关规定。但是，破产财产在清偿破产费用和共益债务后，应当优先清偿破产前与农民成员已发生交易但尚未结清的款项。这是因为，农民专业合作社是农民自愿联合、民主管理的互助性经济组织，是农民之间的一种劳动联合，合作社的盈余主要按照成员与合作社的交易量（额）比例返还。为了有效保护农民成员的合法权益，合作社破产，其破产财产在清偿破产费用和共益债务后，应当优先清偿破产前与农民成员已发生交易且尚未结清的款项，然后再按照企业破产法的规定，清偿其他债务。

---

① 王瑞贺，张红宇，赵铁桥. 中华人民共和国农民专业合作社法释义［M］. 北京：中国民主法制出版社，2018：116.

根据企业破产法规定，破产费用和共益债务由债务人财产随时清偿。破产财产在优先清偿破产费用和共益债务，并清偿了破产前与农民成员已发生交易但尚未结清的款项后，依照下列顺序清偿：①破产人所欠职工的工资和医疗、伤残补助、抚恤费用，所欠的应当划入职工个人账户的基本养老保险、基本医疗保险费用，以及法律、行政法规规定应当支付给职工的补偿金；②破产人欠缴的除前项规定以外的社会保险费用和破产人所欠税款；③普通破产债权。《企业破产法》于 2006 年 8 月 27 日由十届全国人大常委会第二十三次会议通过，自 2007 年 6 月 1 日起施行。人民法院处理农民专业合作社破产案件应当依照《农民专业合作社法》规定和《企业破产法》的有关规定办理。

(6) 清算结束办理注销登记。这是清算组的最后一项工作，办理完合作社的注销登记，清算组的职权终止，清算组即行解散，不得再以合作社清算组的名义进行活动。

5.3.6　清算需要注意的问题

(1) 在债权申报期间，不能对个别的债权人进行清偿。农民专业合作社的清算，可能涉及较多的债权人，这些债权人有已知的，也可能有未知的。为了保证全体债权人没有遗漏地全部参与清偿，《农民专业合作社法》分别对已知或者未知债权人规定了 30 日和 45 日的债权申报期限，即在此期间内，各个债权人均可向清算组申报债权。为了保证整个清偿的公平性，《农民专业合作社法》要求，在债权申报期间，清算组不得对个别债权人进行清偿，以免清算财产不足清偿时影响部分债权人的利益，对此，《农民专业合作社法》第五十条第三款规定："在申报债权期间，清算组不得对债权人进行清偿。"

在债权申报结束前，清算组并不了解真实债权的数量，如果在此期间按已确定的债权进行清偿，就可能发生先清偿的债权人债权受偿率百分之百，后清偿的如资产不足以清偿就要按破产程序进行比例分配、使债权清偿比例大幅下降的不公平现象。因此，为保证全部债权债务得到公平清偿，《农民专业合作社法》要求在债权申报期间，清算组不得对债权人及对个别债权人进行任何形式的清偿。

需要说明的是，解散清算不同于破产清算，《农民专业合作社法》限制的是债权申报期间的清偿。当债权申报完毕，清算组确认在资产大于负债的前提下即可进行分别清偿，而不必像破产清偿程序那样必须进行集体清偿。

(2) 清算期间不能办理成员退社手续。农民专业合作社不同于企业，企业在正常经营期间不允许出资人退出，但农民专业合作社是"入社自愿、退社自由"。在正常经营期间，其成员完全可根据自己的需要与愿望决定退社，退回自己的出资。如同任何权利的形式都要受到制约一样，这种退社自由的权利也要受一定的限制，这种限制即是当农民专业合作社因章程规定的解散事由出现，或者人民法院受理破产申请时，不能办理成员退社手续。《农民专业合作社法》第五十一条规定："农民专业合作社因本法第四十八条第一款的原因解散，或者人民法院受理破产申请时，不能够办理成员退社手续。"之所以做出这样的限制，是因为：

首先，成员入社持有股金的，依据《农民专业合作社法》规定，这种股金应作为成员本人和本社承担债务的基础，在所在合作社已经解散或者破产清算中，都要以这种财产去清偿其对外所欠债务，如果此时允许成员退社，即会削弱该社对外承担债务的能力。

其次，成员退社需要对其出自所在合作社的权益进行清算，而在清算中该社也要进行清算，如在此过程中对其成员进行退社清算，不利于对该成员的权益维护，也会增加清算工作负担。

(3) 农民专业合作社接受国家财政直接补助形成的财产不能进行分配。 根据《农民专业合作社法》第五十三条规定，农民专业合作社接受国家财政直接补助形成的财产，在解散、破产清算时，不得作为可分配剩余资产分配给成员。国家财政直接补助是国家为扶持农民专业合作社的发展，提高合作社的服务水平和竞争能力，使成员通过合作社获得更多收入，让成员充分分享合作社的利益而发放的。如组织水利设施建设，以国家补助的资金建成的小型水库或者以国家某种补助或减免相应税收形成的固定资产等相关财产。这对于资金缺乏、规模弱小，尚处于初始阶段的农民专业合作社具有显著的扶持作用。国家财政直接补助不是补助合作社中的某个成员，因此其形成的财产，不能在清算时分配给成员。一般而言，接受国家财政直接补助形成的财产，应属于农民专业合作社的法人财产，对于这种财产，在正常经营中，可以充分利用并进行处置使用。在农民专业合作社进行解散或者破产清算时，这种财产也可用于债务的清算。但在清偿全部债务后，对这部分财产未使用或者未使用完毕的，因其不属于成员出资，也不属于农民专业合作社的盈余所形成的财产，故不能作为经营收益或者剩余资产对成员进行分配。

根据财政部和农业农村部联合发布的《农民专业合作社解散、破产清算时接受国家财政直接补助形成的财产处置暂行办法》（财资〔2019〕25 号）有关规定，农民专业合作社解散、破产清算时，在清偿债务后如有剩余财产，清算组应当计算其中国家财政直接补助形成的财产总额。剩余财产中国家财政直接补助形成的财产，应当优先划转至原农民专业合作社所在地的其他农民专业合作社，也可划转至原农民专业合作社所在地的村集体经济组织或者代行村集体经济组织职能的村民委员会。同时，因农业结构调整、生态环境保护等原因导致农民专业合作社解散、破产清算的，剩余财产中国家财政直接补助形成的财产，应当优先划转至原农民专业合作社成员新建的农民专业合作社，促进其转产转业。此外，涉及剩余财产中国家财政直接补助形成的财产划转的，清算组应当将划转情况反映在清算方案中，并将清算方案报县级农业农村部门、财政部门备案，同时做好相关财务账目、原始凭证等资料移交工作。

（4）剩余资产的含义及分配办法。可分配剩余资产，是指在农民专业合作社的清算中，由依法设立的清算组对财产与债权债务进行全面清理，在以其财产清偿全部债务后所剩下的财产余额。对于这种资产，依照法律和农民专业合作社章程，可对全体成员进行分配。

由于这种分配是在清算的基础上进行的，应由清算组在拟定清算方案时一并包括。其分配原则：一是应按出资额分配，由于农民专业合作社的资产要按出资比例记入成员个人账户，故在清偿债务时按比例扣减出资后，剩余在账户中的出资应分配给该成员；二是对于账户中对应的公积金份额，首先用于清偿债务，如果清偿完债务仍有剩余也应一并分配给成员；三是对于接受国家财政直接补助形成的财产，不得作为可分配剩余资产分配给成员，具体按照国务院财政部门有关规定执行。

（5）清算组及其成员承担的责任、要求。清算组是依法设立的对农民专业合作社解散进行清算的组织，其职责是对终止的财产进行保管、清理、估价、处理；对债权债务进行清理、偿付、清偿。根据清算组及其成员在清算中的地位，《农民专业合作社法》要求他们应忠于职守，依法履行清算义务。不得利用职权侵占、挪用、私分合作社资产，不得收受贿赂或者其他非法收入，也不得从事损害本社经济利益的其他活动。《农民专业合作社法》第五十四条规定："清算组成员应当忠于职守，依法履行清算义务，因故意或者重大过失给农民专业合作社成员及债权人造成损失的，应当承担赔偿责任。"

这一规定对于清算组及其成员提出了三方面的要求：

①必须忠于职守。清算组是负责农民专业合作社清算事务的机构，在清算组成立后要接管财产及整个清算业务。在此过程中，任何成员都必须忠于职守，严格依法开展工作，不得擅离职守，放弃职责。

②要依法履行清算义务。履行清算义务，即在清算中对农民专业合作社的财产与债权债务进行清理，妥善管理财产，全面回收外欠财产与债权，全面履

行对他人所欠债务，并最终公平分配剩余财产。有关法律法规对于清算过程中的相关业务已有规定，并将在有关细则中进一步做出具体规定。清算组及其成员应严格按这种规定履行清算义务，不得利用职务为自己或与自己有某种利益关系的人谋取利益。

③因过错造成损失的应负赔偿。过错包括故意与重大过失，因此造成成员或债权人损失的，应依法承担民事责任。

可见，解散清算是加强合作社管理的必要构成环节，正确对待或规范组织合作社解散清算，对保持内部财务的完整运行、善始善终地处理合作社与各个方面的财务关系、维护自身合法权益、避免发生民事责任风险等都有重要作用。因此，清算组要特别注意抓好以下几项基本管理规范：

①清算监督规范。合作社解散清算涉及多方面的当事人和经办人，关系内部与外部的利益结算，如何做到客观公正、保障全体成员及各当事人的知情权、避免产生矛盾或误会等非常重要。因此，监事会应对解散清算实行直接有效的全程监督，把清算程序、清算方案、清算结果等人们较为关注的内容随时向外公开，保证全部解散清算事宜清楚明了、善始善终，不留隐患。

②剩余财产分配规范。合理分配合作社清偿债务后的剩余财产，是保护各成员合法利益的主要环节，也是稳定成员情绪、终结合作关系、消除后期纠纷隐患的保证手段。因此，在清算操作中，第一，向成员分配清算完毕后的剩余财产，应按成员出资比例进行。第二，由国家财政直接扶持补助形成的财产，不得作为可分配剩余资产分配给成员。原来接受的社会捐赠，如捐赠者另有约定的按约定办法处置，没有约定的列入清算财产处置。第三，适应成员合作特点及节约清算成本要求，分配兑现的方式应当灵活，应以清算资产原有形态搭配兑现，不能勉强要求完全的货币化。

③清算档案建立规范。为便于主管部门掌握情况，加强指导监督，清算组应当在清算完毕后，编制有关的解散清算报表，如期内收支表、财产清偿分配表等，提出清算报告，及时整理各种清算材料，并建立清算档案。各种清算材料一同报送主管部门备案。

④清算费用节约合理。合作社解散清算无论其结果如何，最终都是由全体成员共同承担。结果好大家都受益，结果不好大家都损失多，清算费用是决定这个结果的重要因素之一。因此，对合作社清算应首先注意增强节约意识，从大局考虑，为全体成员利益负责，防止盲目开支，突击花钱，甚至违法乱纪，酿出法纪事端。

第6章　农民专业合作社的公共关系

6.1　公共关系基本知识

6.1.1　公共关系的基本概念

"公共关系"一词是舶来品，其英文为 Public Relations，缩写为 PR，简称公关。公共关系学是一门正在发展中的新兴学科，而且涉及不同的学科领域和不同的实践领域，由此形成了对公共关系定义的众说纷纭。但是，不同的学者对公共关系定义的不同界定中的一些趋同之处，主要表现在：第一，公共关系是一个组织与其公众之间的关系；第二，公共关系是一种特殊的思想和活动；第三，公共关系是现代组织管理的独立职能；第四，信息沟通与传播是公共关系的特殊手段。因此，概括以上四点内容，我们可以对公共关系给出一个比较简洁的定义——所谓公共关系，就是一个组织运用有效的传播手段，使自身适应公众的需要，并使公众适应组织发展需要的一种思想、政策和管理职能。

当然，公共关系定义所揭示的是公共关系的本质属性，如果从更广阔的视野去分析，公共关系还有以下含义：

(1) 公共关系是一种状态。公共关系状态是指一个社会组织与其相关公众的关系状态和舆论状态，即该组织在公众心目中的现实形象的总和。公共关系状态是客观存在的，不管你承认不承认，任何组织或个人都处在一定的公共关系状态之中。

(2) 公共关系是一种观念。公共关系观念是指人们在公共关系实践中形成的影响人们思想和行为倾向的深层的思想意识，是人们对公共关系活动的一种自觉的认识和理解。公共关系观念具体包括组织的形象观念、公众观念、信息观念、传播观念、整体观念、服务观念等。自觉地树立与完善公共关系观念，是开展公共关系实务工作的核心。

(3) 公共关系是一种技能。公共关系是一种运用传播与沟通手段去影响公众、树立形象的专业技能，具体包括人际沟通、大众传播、复合式传播等形式，语言沟通、文字沟通、非语言沟通等方法，以及印刷媒体、电子媒介、实像媒介等技术。运用现代信息社会的各种传播与沟通的手段与技术去建立和完善组织与公众之间的良好关系，这是公共关系活动的重要内容。

（4）公共关系是一种文化。公共关系会形成一种组织文化，这种文化是以组织的价值观念和管理理念为核心的思维方式和行为规范的总和，具体包括组织的目标和理想、领导作风和风格、组织的历史传统和优秀人物、组织的职业道德和礼仪规范等因素。组织文化对组织的内部成员具有很强的影响力与渗透力，它能促使成员把实现个人价值与组织的生存发展联系起来，从而在组织内部形成整体的认同感与强烈的团队精神。

6.1.2 公共关系的基本要素

公共关系是由主体、客体和媒介三要素构成的。公共关系的主体是社会组织，客体是公众，连接主体和客体的媒介是传播。这三个要素构成了公共关系的基本范畴，公共关系的实际操作就是围绕这三大要素展开的。

（1）公共关系主体——社会组织。社会组织是人们为了有效地达到特定目标，按照一定的宗旨、制度、系统建立起来的共同活动体，它有清楚的界限、明确的目标，内部实行明确的分工并确立了旨在协调成员活动的正式关系结构。社会组织是公共关系活动的主体，即公共关系的实施者、行为者，换言之，公共关系是一种社会组织的活动，而不是个人的事务或技巧。尽管有些个人为了某种特殊利益也举办公关活动，但他们在从事公共关系活动时，不是以自然人的身份，而是以法人的面目出现的。

（2）公共关系客体——公众。公共关系也称作公众关系，因为公共关系的工作对象就是公众。要做好公共关系工作，就必须了解和研究公众。公众与"大众""群众"是有区别的，它不是泛指社会生活中的所有人或大多数人，也不是泛指社会生活中的某一方面、某一领域的部分人，而应具体地称为"社会组织的公众"。公众与社会组织之间必须存在相互影响和相互作用的关系。

（3）公共关系中介——传播。传播是指个人间、群体间或群体与个人之间交换、传递新闻、事实、意见、感情的信息过程。传播是连接社会组织和公众的桥梁，是完成沟通的工具，也是实现公共关系目标的唯一手段。在现代社会中，公共关系的传播媒介是多样化的，既有有大众媒介（广播、电视、互联网、报纸、杂志等），又有自控媒介（联谊会、新闻发布会、茶话会、官方网站、微信微博等）；既有符号媒介（文字、话语、图像、影视等），也有实物媒介（样品展示、橱窗陈列、周边纪念品等）。

6.1.3 公共关系的基本特征

公共关系的基本特征概括起来有以下五个方面：

（1）客观性。公共关系是不以人的意志为转移的客观存在，普遍地存在于社会组织的环境中。任何社会组织的生存与发展都离不开公共关系的影响和制约，也都毫不例外地有意或无意地在进行公共关系工作，以维护和改善现有的公共关系状态，塑造良好的社会组织形象。

（2）公开性。公共关系主张社会组织与社会公众的双向沟通，即通过提高社会组织的透明度，来增进社会公众对组织的了解、理解、支持与合作。同时，公共关系活动是在法律、法规和政策允许的范围内进行的，以公开的手段、方式和渠道实现公共关系目标。

（3）艺术性。社会组织面临的社会公众复杂多变，如果拘泥于一种公共关系模式，就无法适应复杂多变的公众需求。因此，有效的公共关系活动必然渗透着创造性的思维、针对性的模式、技巧性的方式方法，以艺术的形式和手段达到最佳的客观效果。

（4）情感性。公共关系从本质上说是社会组织与社会公众之间关系的综合表现，但又在一定程度上表现为人与人之间的关系与交往。由此，情感因素渗透于公共关系的全过程，甚至左右着公共关系活动的进程与成果。

（5）战略性。公共关系的基本方针是着眼于长期打算，着手于平时努力。任何一个组织要建立和巩固良好的社会形象，都不是一朝一夕、一蹴而就的事，必须付诸系统、全面、有计划、连贯、坚持不懈的努力和扎实的公共关系基础。试图一次公关活动就能立竿见影，这是不符合客观实际的。

6.1.4 公共关系的基本职能

公共关系职能是指公共关系机构或公共关系人员在组织中所发挥的作用。公共关系的具体目标是塑造组织的形象，因此，公共关系要发挥以下四个方面的作用和功能：

（1）信息管理。信息管理主要包括信息沟通和信息搜集。信息沟通是公共关系的本质，公共关系就是通过双方沟通，有效实现组织与公众之间的信息交流。信息的搜集是通过多种渠道和运用各种传播媒介，保证信息的全面性，同时对信息进行筛选和分析，以确保信息的质量。

（2）宣传推广。宣传推广就是通过各种传播媒介，将组织的有关信息及时、准确、有效地传播出去，争取公众对组织的了解和理解，提高组织及其产品、人员的知名度和美誉度，为组织制造良好的社会环境，树立良好的组织形象。

（3）协调关系。协调关系就是使组织内外不同部门的活动和谐化、同步化，达到组织与环境相适应，以便实现其共同的目的，取得最终的结果。公共关系能否建立和发展，最根本的就是组织与公众的利益能否得到协调。

（4）咨询建议。咨询建议是指公关人员向组织领导提供有关公众方面的可靠情况说明和意见。公共关系作为一项管理职能，主要体现在其对经营管理决策所发挥的参谋作用，即公共关系部门是组织的智囊机构，公关人员应参与组织决策的全过程。

（5）提供服务。组织向公众提供各种优质服务，以实际行动获取公众的理解和好评，建立组织良好形象的公共关系活动，就是公共关系提供服务这一职能的体现。各类组织向公众提供的服务，其质量的好坏直接影响到组织在公众心目中的形象。

（6）危机管理。危机管理包括对常见的公关纠纷的处理和恶性突发事件的处理。无论是一般纠纷还是恶性突发事件，都会影响组织的形象和声誉，甚至危及组织的生存。因此，处理好危机事件是公共关系的一项极其重要的职能。

6.2　合作社组织形象塑造

6.2.1　塑造组织形象的意义

市场经济的基本特征是竞争，而竞争的最高层次就是组织形象的竞争。谁拥有了良好的组织形象，谁就能赢得公众的支持，谁就拥有了市场，并获得源源不断的利润，而且能使产品和组织在激烈的市场竞争中立于不败之地。总体而言，塑造组织形象具有以下三个方面的意义：

（1）组织形象是无形资产的重要组成部分。无形资产是组织资产的重要组成部分，它是不具有实物形态而以知识形态存在的重要经济资源，无形资产的作用、价值远远超过有形资产。自然灾害可以损毁有形资产，但却不能减少无形资产的价值。无形资产具有如此之大的魅力是因为它代表组织在公众心目中的良好形象，组织形象的好坏决定了无形资产价值的高低。组织形象的认知度越高，美誉度越好，和谐度越佳，定位越准，无形资产的价值就越大，增值率就越高。因此，一个组织要不断地发展、维系自己的无形资产，就必须充分重视组织形象。

（2）组织形象是组织生存发展的精神资源。组织形象是把组织的价值观念和行为规范加以确立，为组织的生存与发展树立的一面旗帜，向全体职工发出的一种号召。组织形象确立的共同价值观和信念，就像一种高度的理性黏合剂，将组织全体员工紧紧地凝聚在一起，形成命运共同体，产生集体安全感，心往一处想，劲往一处使，成为一个和谐、默契的高效率集体。同时，组织形象的建立，不仅对内有着极大的凝聚、规范、号召、激励作用，而且能对外辐射、扩散，在一定范围内对其他组织乃至整个社会产生重大影响。

（3）组织形象是外在扩张的市场铺垫。 在现代社会，公众购买商品，不仅是对产品的功能和价格的选择，同时也是对组织精神、经营管理作风、服务水准的全面选择。组织形象的优良与否，是公众选择的重要依据。良好的组织形象会使公众对产品产生"信得过"的购买心理与勇气，使公众能够在纷乱杂陈、眼花缭乱的商品世界中培养起对组织的忠诚度，从而达到使组织争夺更大的市场份额、进行组织扩张的目的。

6.2.2　CIS 战略

CIS 是英文"Corporate Identity System"的缩写，中文意思是企业形象识别系统。一般由三大要素组成：理念识别（Mind Identity，MI）、活动识别（Behavior Identity，BI）和视觉识别（Visual Identity，VI），三个要素是相互联系的统一整体。而 CIS 战略即企业形象识别战略，是指通过一系列的形象设计，将企业的经营理念、行为规程和视觉形象有序地传达给社会公众，以取得社会公众认同的企业形象策略。

（1）理念识别设计。 理念识别设计是对企业的经营理念、管理理念、发展理念等构成因素的设计。对于合作社而言，正如国际合作社联盟（ICA）给合作社下的定义——合作社是由自愿联合起来的人们通过其联合所有与民主控制的企业来满足他们共同的经济、社会和文化的需求与抱负的自治联合体。可见，相比企业，合作社的运营理念天然地整合了经济目标、社会目标和文化目标，强调的是"我为人人，人人为我"的组织价值观。

（2）活动识别设计。 活动识别设计是对企业运行的所有规章制度的设计，具体包括企业的组织管理制度、成员行为规范等因素的设计。因此，合作社需要加强各项生产管理制度建设，比如合作社章程、财务管理制度、信息公示制度、标准化生产制度、议事规则制度等，并在各项制度规范中充分体现合作社的理念，以此区别于其他组织形式。

（3）视觉识别设计。 视觉识别是企业的静态识别形式，是一个严密而完整的符号系统（如企业名称、标志、商标等），它的特点在于展示清晰的"视觉力"结构，从而准确地传达独特的企业形象，通过差异性面貌的展现，从而达成企业认识、识别的目的。在视觉识别设计中，最关键的是名称设计。对合作社的名称，尤其是品牌名称和商标名称的设计尽量做到表达准确、表现理念、独特别致和简短易记。

案例 6-1：山西临猗县王万保果品种植专业
合作社的品牌兴社之路①

商标是合作社的无形资产，积累品牌号召力与品牌公信力，走品牌可持续发展道路，是合作社实现品牌兴社的必由之路。山西省运城市临猗县王万保果品种植专业合作社自 2009 年 4 月成立至今，一直把创建"王万保"苹果商标品牌作为合作社的重中之重。2010 年 10 月，合作社注册了"王万保"商标，建立了以理事长为组长的商标管理领导组，各生产基地负责人为联络员，形成了上下一体的商标管理网络。一是依法建章立制。在县工商部门的指导下，按照《商标法》《广告法》《商标印制管理办法》等法律法规，制定出台了合作社《商标使用管理制度》《商标印制制度》和《商标联络员制度》等规章制度，使商标的使用管理步入了制度化、规范化的轨道。二是严格执行规章制度。对合作社成员生产出来的苹果，按照标准检验检测，验收合格后，统一发放商标和包装箱，保证产品品质，严把质量关。

除了坚持以质取胜的高规格的果品管理外，合作社还特别注重商标品牌的宣传。王万保果品种植专业合作社注重商标品牌的宣传。一是利用电视台宣传"王万保"，树立品牌信誉；二是通过户外路牌、网络、印刷品、条幅、T 恤衫、年画、挂历等形式进行宣传，让消费者直接感受"王万保"品牌的风采；三是积极参加国内外农展会、农博会、洽谈会，向广大消费者展示展销，并赠送"王万保"商标画册、T 恤衫、年历画、手提袋等，通过他们向全社会推介"王万保"；四是在北京、太原、运城、临猗等地设立 8 个展示品牌窗口，重点展示合作社优质果品。2014—2016 年，合作社共投入广告费 322 万元。

几年来，在合作社"王万保"商标品牌的带动下，临猗县的 110 万亩林果产销两旺，果农与周边农户互惠双收。"王万保"苹果被评为"全国百佳农产品品牌"，在全国各大农产品博览会上荣获国际金奖四连冠、国家级金奖 8 次。"王万保"苹果及图形于 2017 年被国家工商行政管理总局认定为"中国驰名商标"。

---

① 农业农村部农村合作经济指导司，农业农村部管理干部学院. 全国农民合作社典型案例（一）[M]. 北京：中国农业出版社，2019.

6.2.3 CS 战略

在理性消费时代，物质不很充裕，消费者首先着眼于产品是否经久耐用，较多考虑的是质量和价格因素，评判产品用的是"好与坏"的标准。进入感性消费时代后，物质比较充裕，收入与产品价格都有所提高，价廉物美不再是顾客考虑的重点，相反，消费者比较重视产品的设计、品牌等，评判产品用的是"喜欢与不喜欢"的标准。进入感情消费时代，消费者往往关注产品能否给自己的生活带来活力、充实、舒适和美感，他们要求得到的不仅仅是产品的功能和品牌，而是与产品有关的系统服务，于是消费者评判产品用的是"满意与不满意"的标准。于是，在 CIS 战略的基础上产生了 CS 战略。

CS 是英文"Customer Satisfaction"的缩写，中文意思为"顾客满意"，是指组织为了使顾客能完全满意自己的产品或服务，综合而客观地测定顾客的满意程度，并根据调查分析结果，整个组织一体来改善产品、服务及组织文化的一种经营战略。相比而言，CIS 战略是从企业本身出发，通过塑造良好的组织形象来吸引顾客，以增强公众识别效果为目的，是由内向外的思维方式；而 CS 战略则是直接从顾客的需要出发，以创造更高的顾客价值、求得顾客满意、建立重购忠诚为目的，是一种由外向内的思维方式。因此，CIS 战略与 CS 战略两者相互补充，相得益彰。

对于合作社，尤其是营销类合作社而言，不仅要将产品卖出去，更要卖个好价钱。因此，一方面要生产优质农产品，另一方面更要适应消费者需求。因为，并不是优质的产品就能卖高价，而是既符合顾客需要又优质的产品，才能卖高价。为此，合作社开展 CS 战略要做好以下三个方面：

(1) 合作社要通过市场调查充分了解顾客的需求。 不仅要了解顾客的一般需求，如产品质量安全（是否无公害产品、绿色产品或有机产品）；还要了解不同顾客（如不同年龄、不同性别、不同消费水平的顾客，个人顾客还是集团顾客）的差异化需求，尽量使每一个顾客都满意；更要在了解顾客需求的基础上，努力挖掘他们的潜在需求（如定制化产品或服务）。

(2) 建立和完善农产品质量追溯系统。 2016 年，国务院发布了《关于加快推进重要产品追溯体系建设的意见》，要求七大类重要产品的生产经营企业加快建设产品质量追溯系统，这七大类产品分别是食品、药品、食用农产品、农业生产资料、特种设备、稀土、危险品。因此，通过建立农产品质量追溯系统，为农产品"戴上"追溯标签（如二维码），记录农产品的各种信息，对农产品进行源头控制，并强化生产、流通过程的质量安全管理，以此让顾客在购买合作社农产品时能够做到"买得放心，吃（用）得安心"。

案例6-2：辽宁省丹东市圣野浆果专业合作社
视品质如生命　实现全程可追溯①

丹东市圣野浆果专业合作社位于"中国草莓第一县"辽宁丹东东港市的十字街镇赤榆村，合作社成立于2008年，成员出资额560万元。为了有效提升产品品质，合作社不仅从种苗选育、土壤改良、投入品选择着手，提升栽培管理技术，同时，合作社积极制定小浆果果品品质标准、包装、采后处理和物流配送标准等生产管理标准。合作社成员按照不同销售渠道要求的标准种植，实行统一管理，统一回收、分级、包装销售，结合大棚内安装的物联网设备、溯源监管体系进一步提升成员的种植规范水平。经过多年的小浆果种植技术研究和试验，合作社拥有了一套完整的温室种植标准体系，采用现代化物联网模式，设定好草莓在不同生长时期所需要的最佳生长环境，将影响此环境的环节采用数字化的形式输入计算机管控系统，计算机会根据空气湿度、温度、光照等环境的变化，采取相应的措施来调节小浆果所需的最佳环境，生产过程数字化，大大提升了丹东小浆果商品果的标准化。

此外，合作社综合利用网络技术、射线技术、条码识别技术，建立起集网站、POS机、短信和电话号码于一体的多终端农产品质量追溯系统，给每户成员发放智能手机，并派技术员指导农户拍照和上传资料。农户成员将草莓生产的全程信息采集并上传到追溯平台，在追溯平台上公开展现，消费者只要扫描包装上的二维码，就可观看草莓的生长全过程，极大地赢得了消费者的信任。

(3) 建立和完善售后服务体系，千方百计留住老顾客。提高客户满意度，必须要重视顾客的意见反馈。 据美国的一项调查，成功的技术革新和民用新产品中有60%～80%来自用户的建议。合作社要对顾客的需求和意见具有快速反应机制（如公布合作社联系方式、对固定顾客进行定期回访、通过网店客服及时响应顾客需求），通过完善的售后服务和顾客建立持续稳定的关系，不断增加"回头客"（顾客口碑是最好的产品宣传策略）。

---

① 农业农村部农村合作经济指导司，农业农村部管理干部学院. 全国农民合作社典型案例（一）[M]. 北京：中国农业出版社，2019.

6.3 合作社公共关系的协调

公共关系属于组织的管理范畴，其重要职能之一就在于协调组织内、外部各种公众关系的行为、态度以及利益等，能为组织创造内求团结、外求发展的良好公众环境。对于合作社而言，"内求团结、外求发展"就是合作社的核心任务。首先，合作社要团结。实际上，合作社能盈利多少并不是最重要的，因为，一旦合作社内部出现不团结，很可能就动摇了合作社存在的根基，所以首要任务是内求团结。其次，合作社归根结底要外求发展。团结是为了发展，这一点一定要明确，绝不是为了团结而团结。换言之，"内求团结"是强调合作社内部的合作，"外求发展"强调的是合作社外向的发展。归根结底，因为合作社这种组织很特殊，具有两大属性：一是合作社属性，又叫社会属性；另一个是企业属性，又叫经济属性。因此，"外求发展"是经济属性、企业属性，"内求团结"是社会属性、合作社属性，两者不可偏废。

总体而言，合作社需要重点协调的公共关系包括内部的社员关系、员工关系，以及外部的顾客关系、伙伴关系、媒体关系、政府关系、社区关系、相关龙头企业关系等，具体如下。

6.3.1 社员关系协调

合作社的本质属性就是八个字——服务社员、民主控制。社员（代表）大会是合作社的权力机关，社员不仅是合作社的所有者（主人），也是合作社的投资者（股东），还是合作社的惠顾者（顾客），更是合作社的受益者，因此，首要的合作社内部公共关系协调任务就是社员关系协调。具体而言，社员关系协调至少要做到以下几个方面：

（1）及时了解社员情况，掌握社员动态。为了更好地服务社员，合作社首先要充分了解不同社员的特点，以便采用更合适的媒介和沟通方式。同时，合作社要积极响应不同社员的差异化需求，积极收集整理社员对合作社经营管理的意见和建议，以作为合作社决策和改进工作的依据。

（2）让社员充分"使用"合作社，即保证社员与合作社的交易量。只有社员都愿意将自己的农产品通过合作社来销售，这才是一个比较好的合作社。当然，协调与社员的交易关系还必须做到"三优"，即优先、优价、优质。第一是优先。当前很多合作社既有与社员的交易，也有与非社员的交易。但是如果出现卖难情况时，合作社应该先帮助销售社员的农产品，即便这时帮助销售非社员农产品的收益更大。需要指出，当前很多合作社在其营业额当中，大多数是非社员交易，所以需要再次明确的是，一个合作社应该主要与社员进行交易，换句话说，与社员的交易额至少应该占到51％。第二要优价。为社员服务应该是成本价，或者优惠价，不可以赚社员的钱。关于是否可以赚非社员的钱，可以由合作社全体社员自行决定。第三要优质。合作社对社员不仅服务态度要好，更要强调服务质量。

（3）及时向社员报告合作社信息。 合作社有义务及时向社员报告组织的政策变动、经营和工作状况、环境信息等。除了定期召开社员（代表）大会，理事长向社员做年度报告或工作简报，还可以通过创办合作社简报或（电子）刊物、印制宣传手册、打电话、发送邮件/短信以及新兴的社交网络媒介群组等多样化方式及时向社员报告合作社信息。

案例6-3：河北省南和县金沙河农作物种植专业合作社的职业农民代表制＋"农事宝"让民主管理更透明[①]

南和县金沙河农作物种植专业合作社农民成员众多，单个农民成员的权益比例很小，尤其是股权农户成员的户均流转面积4.74亩、不足合作社土地面积的万分之二，多数股权农户成员对合作社种植经营决策缺乏专业识别判断能力，因此，直接参与合作社民主监督和管理既费时又费力，参与意愿和动力不足。为此，金沙河合作社采用职业农民代表制，由职业农民成员代表股权农户成员参与合作社民主管理。职业农民成员参与合作社日常种植管理全过程，对种植成本、收益核算情况更为了解，他们与股权农户成员是同股同权的利益共同体，能充分代表股权农户表达权益，股权农户成员也愿意接受职业农民代为行使民主决策的结果。

同时，为了加强社内监督，实现财务公开透明，合作社引进"农事宝"手机应用软件实现全流程透明化监管。在"农事宝"的信息化管理下，合作社所有的物资采购、生产成本、销售收入等财务信息均可以通过手机应用程序在线查询、实时共享，职业农民成员还能随时了解自己的各项物料领取、农机使用等情况，查阅历史年份及当季种植的各项开支、收入明细及盈余分配，了解农田种植的作业标准，记录各项作业的工时、人力等细项指标，对作业质量进行

[①] 农业农村部农村合作经济指导司，农业农村部管理干部学院．全国农民合作社典型案例（一）[M]．北京：中国农业出版社，2019.

评判打分。"农事宝"增强了合作社信息公开和透明化，让所有合作社成员能够对合作社财务状况进行实时监督，合作社成员只需在手机上打开该程序，就能实现对合作社账目的实时查询，做到"人人手中有本账"，从而大幅降低了大型合作社成员财务监督成本，突破了合作社跨域管理的局限性，提升了合作社社务治理的智能化水平。

6.3.2　员工关系协调

员工关系协调是指组织的各级管理人员和人力资源职能管理者，通过执行员工关系管理的法律、法规，制定相关的制度，实施相关的管理行为，正确处理组织与员工、员工与员工之间的相互关系，为组织目标的实现创造良好的条件和环境的活动。在一般意义上，合作社不存在"员工"，或者说只是一部分社员同时扮演了"员工"的角色，比如合作社的管理层成员（理监事会成员）、业务层成员（如专职销售人员、技术人员、运输人员等）。然而，随着合作社的不断发展壮大，专业分工的不断细化，对专业人员的需求越来越大，因此合作社的雇工需求逐渐显现（如合作社职业经理人、专职销售人员、专职技术人员、专职财务人员以及大学生社官等）。

总体而言，合作社在员工关系协调方面大致要做到以下几点：

(1) 让员工认同合作社的理念和愿景。员工关系协调的前提和基础是让员工（尤其是非社员员工）认同合作社的理念和愿景，如果缺乏共同的信念，就没有利益相关的前提。但凡优秀的组织，都是通过确立共同的理念和愿景，整合各类资源，牵引整个组织不断发展和壮大。

(2) 完善员工激励约束机制。建立合作社与员工同生存、共发展的命运共同体，是协调员工关系的根本出发点。因此需要完善激励约束机制，建立科学合理的薪酬制度以及晋升机制等，尽可能满足员工的物资利益需求。同时，树立"以人为本"的观念，尊重员工的精神追求和个人价值，激发员工的工作潜力和工作积极性。

(3) 建立员工合理化建议制度。可以通过定期业务报告会、部门会议、一对一面谈、网络聊天等沟通方式，与员工分享合作社的运营信息并及时听取员工的合理化建议，让员工参与一定的管理决策，培养员工的进取心和自豪感。

6.3.3　顾客关系协调

顾客关系是指企业与其产品或服务的顾客或消费者之间的关系，也称消费者关系。企业处理好顾客关系对于占领市场，促进销售，稳定消费者队伍具有非常重要的意义。但建立和协调良好的顾客关系是一个长期的、复杂的、细致的全方位工作，需要有恰当的方法。正如前文关于塑造组织形象的 CS 战略部分强调的那样，当前已经进入了感情消费时代，顾客满意度成了顾客关系协调的关键评价标准。

总体而言，合作社不仅要提高和确保产品质量，确保服务质量，还要在售前充分了解和分析顾客的需求，更要在售后及时根据具体情况进行售后服务体系建设。同时，合作社应该始终树立"顾客至上"的观点。要协调好顾客关系，树立良好的组织形象，合作社必须要求全体社员和员工要普遍树立"顾客至上"的经营思想观念，以顾客的需要为中心，维护消费者的利益，尽可能地为消费者提供优良的服务。虽然在传统意义上，大部分合作社扮演的主要是生产者角色，通过批发或零售等中间环节间接地对接终端消费者。但是近年来，越来越多的合作社开始探索跳过商品流通的中间环节（如中间服务商、批发商、分销商、零售商），采取电子商务、专营店、直营柜台或窗口等方式实现与消费者"面对面"的交易。因此，合作社不仅要做到对全体社员和员工进行"顾客至上"的正确公共关系观点教育，还应建立各项具体的服务细则和措施，使之常规化、习惯化、全面化。

6.3.4　伙伴关系协调

任何组织的社会活动都不能孤立进行，必然有其行动伙伴。从现代公共关系管理角度来看，企业的伙伴关系实际上就是形形色色的商务关系。对于合作社而言，在其发展过程中需要面对以下几种伙伴关系。

（1）与产地市场的关系协调。产地市场在农产品流通中有着较为明显的优势，比如：产地市场能够同时汇集大量的需求和供给，从而极大地节约买卖双方的成本；产地市场能够有效地缩短市场流通的路程，从而加速农产品流通，节约流通时间；产地市场的存在意味着对某一农产品有大量的、长期的、较稳定的需求。因此，合作社以产地市场为导向的生产也可看成是合作社与产地市场之间的一种隐性的长期合约，从而减少农产品生产和销售的不确定性。合作社与产地市场的协调主要体现在，由产地市场负责搜集销售信息、市场需求信息等，并且利用产地市场的有利条件，减少农产品在流通中的时间，保持不易储存农产品的价值；同时，合作社则负责组织销售前的加工和整理工作，提高农产品的附加值。

（2）与超市的关系协调。当前，超市正逐渐成为生鲜农产品销售的一种主要形式，因此，合作社与超市的关系协调，即"社超对接"变得极为迫切。具体来说，合作社首先应建立农产品的标准化生产、品牌化经营、现代化流通以及科学化管理流程，通过与超市的互动，提升农业生产的集约化水平。合作社在组织成员生产时，必须坚持质量第一，大力培育"名特优新"产品。由于超市对物流配送能力要求较高，合作社要争取农产品物流运输上的绿色通道，保障农产品销售的及时性及降低经营成本，也可以建立自己的农产品配送中心。同时，合作社应加强与超市的沟通，及时互通信息，争取长期合作，争取减免入场费，降低运营成本。应该说，与超市合作的过程，也是合作社逐步提高其产品质量、管理水平和市场竞争力的过程。

案例 6-4：北京市北菜园农产品产销专业合作社积极对接高端商超[①]

北菜园农产品产销专业合作社位于北京市延庆区康庄镇小丰营村，于2011 年 4 月成立，专注有机蔬菜的种植和销售。合作社发挥其成员北京北菜园农业科技发展有限公司专业团队的作用，寻求与其他市场经营主体的合作与协调，换位思考市场需求，为渠道商提供支撑服务，在垂直协调的供应链中发挥主导作用。通过积极进行供应链资源整合，主动掌握市场有效信息，并把合作社生产信息有效传达给渠道终端，实现了信息畅通与共享，使合作社在整个链条上发挥出最大的带动效用。目前，合作社向华联 BHG、华润 OLE、京东7FRESH、沃尔玛等 50 家高端商超的有机蔬菜指定供应商日供货量在 1 500千克左右，销售额达 3.6 万元，占销售总额的 50％。同时，合作社已成为京东商城、中粮我买网、本来生活网等电商平台和中、农、工、建四大银行线上商城平台合作方，合作社自己也开发了 App 及微信商城营销平台，通过互联网日均销售 1.8 万元，占到销售总额的 25％。

(3) 与龙头企业的关系协调。 合作社与龙头企业都是农业产业化发展的一个组成部分。一个地区存在龙头企业，就会使当地农户种植同一种农产品，这成为合作社成立的基础。要使合作社成为连接龙头企业和农户的纽带，就需要加强合作社与企业之间的合作与协调。具体来说，龙头企业在资金、经营和人

---

① 农业农村部农村合作经济指导司，农业农村部管理干部学院．全国农民合作社典型案例（一）[M]．北京：中国农业出版社，2019.

才上具有优势，而合作社具有土地和原料优势，因此，合作社可以与龙头企业签订协议，合作社成员所拥有的土地作为企业的原料基地，为企业提供优质原料，企业则负责为合作社提供资金与技术支持。这种合作模式促使合作社与企业结成稳定的产销关系和合理的利益关系，提高合作社的生产技术水平，扩大产品市场出路。

另外，应该承认，当前我国有相当比例的合作社属于龙头企业主导型合作社。事实上，这些由龙头企业牵头出资兴办的合作社，生命力比较强，成功率比较高。根据我国的实际情况，从长远来看，目前实力较弱的合作社，可以从"公司＋合作社＋农户"的模式，逐步发展为"合作社＋公司＋农户"的模式，这既是国外发达国家普通盛行的方式，也是比较符合我国实际情况的路径。因此，就目前而言，政府应积极鼓励有能力的各类主体（特别是各类龙头企业）积极牵头兴办合作社，形成多元主体竞相参与的格局。在龙头企业与合作社的合作与协调关系中，比较理想的情况下，龙头企业应既能保证合作社稳定地进入市场，又能给予合作社一定的价格改进，也能为合作社提供某些特殊的农业服务，还可能让合作社分享一些增值收益。

案例 6-5：湖北省宜昌市晓曦红柑桔专业合作社
创办实体企业　深耕柑橘产业[①]

宜昌市晓曦红柑桔专业合作社成立于 2006 年 8 月，主营柑橘产业。为打造完整的柑橘产业链，合作社先后创办了 6 家实体企业。在兴办实体企业的过程中，合作社坚持产权清晰，做到合作社股份、成员个人股份和社会资本股份明确，并规定在每个实体企业股权中，合作社股份和成员股份之和必须大于50%，确保合作社及其成员对实体企业的控制权。

2010 年，合作社整合原汇丰果业、晓曦红精品车间、晓曦红外贸打蜡厂、农资配送中心等四家合作社参股实体，成立宜昌市晓曦红果业有限公司，主要从事柑橘产后加工、仓储、品牌营销及承接相关项目建设。2011 年，合作社成立农业科技开发公司，与华中农业大学合作开展柑橘良繁体系建设和产后投入品蜡液生产项目，完成 40 多个新品种的引进，筛选三大优良品种嫁接苗木50 万余株。2012 年，合作社采取股份合作、独立核算、自负盈亏、成员参与

---

① 农业农村部农村合作经济指导司，农业农村部管理干部学院．全国农民合作社典型案例（一）[M]．北京：中国农业出版社，2019.

的方式，组建晓曦红柑橘综合服务有限公司，内设技术、植保、果园管理、采果、收购、机械运输、物流信息7个服务队，制定《柑橘劳务服务标准》等7项管理制度与工作流程。成立农产品市场公司，主要从事以柑橘为主的农产品市场销售，积极开展农超对接、农商对接、精品销售、电子商务、外贸出口等活动，不断完善市场网络体系。2013年，合作社引进宜昌楚香源酒类贸易有限公司，共同投资组建晓曦红果品深加工公司，开展柑橘精深加工和猕猴桃酒的生产和销售。2014年晓曦红利用自身积累的边贸业务经验，抓住国家"一带一路"倡议机遇，组建成立晓曦红进出口贸易有限公司。公司依托宜昌地区优质柑橘资源，逐渐打开了俄罗斯、中西亚、东南亚等国际市场，带动了湖北省域柑橘的出口。2016年以来，公司连续3年年均带动柑橘出口1万吨，年均创汇1 000万美元。

（4）与其他合作社的关系协调。国际合作社联盟确立的合作社基本原则之一就是"合作社之间的合作"，新修订的《农民专业合作社法》也专门新增了"联合社"一章。单个合作社是弱小的，要充分发挥其优势，必须加强合作社之间的合作，重视建立在合作社原则基础上的合作。具体而言，每家合作社从事的具体业务领域不同，有的从事生产，有的从事销售，有的从事服务等，这种不同领域内的合作社可以相互合作，互通有无。合作的形式可以多样，例如可以在业务上相互合作，相互投资，也可以组建联合社，提升合作规模和水平。

案例6-6：浙江省台州市台联九生猪专业合作社联合社
发挥联合优势 促进互利共赢[①]

长期以来，台州市诸多小型合作社采用传统方式养猪，不仅经济效益差，产生的废水废物也对周边生态造成了极大破坏，生猪养殖业发展举步维艰。为了打破区域限制和传统经营模式的困境，2012年，由台州市九联生猪产销专业合作社、台州市路桥耀兴生猪专业合作社、温岭市农联生猪专业合作社、三门县赵岙山畜禽专业合作社、临海市大洋圣天畜禽专业合作社5家成员社牵头联合组建了台州市台联九生猪专业合作社联合社，共联结农户3 000余户。通

---

① 农业农村部农村合作经济指导司，农业农村部管理干部学院．全国农民合作社典型案例（一）[M]．北京：中国农业出版社，2019．

过把台州9个县（市、区）的生猪养殖专业合作社、规模养殖场、养殖大户联合起来，建立起覆盖上游饲料生产配送、中游生猪标准化养殖、下游屠宰加工销售，集"养、贸、加"于一体的新型养猪产业体系，实现风险共担，利益共享，增强抵御市场风险的能力，对全台州生猪养殖产业稳定健康、标准化发展起到了积极的示范作用。

联合社成立以后，综合效益十分明显。一是产业规模扩大。2018年年底出栏生猪9万头，产品从肉猪饲养发展到牛羊、家禽养殖，产业链从生猪养殖向饲料加工、生态循环农业、肉食加工业延伸拓展。二是成员增效显著。联合社吸纳276个规模养殖户，辐射带动周边3 000余户农户共同致富。产值从5亿元增加到7亿元，年盈余1 208万元、分配846万元，其中成员一次享利、二次返利共605万元，成员凝聚力增强，联合发展优势日益显现。三是形成示范样板。联合社通过引导产业链不同环节上的经营主体纵向合作，打造联合发展的全新模式，2017年被评为省级现代农业综合服务中心，成为临海市"三位一体"农合联改革的一大创新样板，在全市发挥引领带头作用。

（5）与农产品行业协会的关系协调。 在我国加入WTO后，提高农产品国际竞争力变得重要起来，而作为单个合作社，尤其是规模较小的合作社，面对国际上各种贸易壁垒往往无法突破，而行业协会在国际贸易中可以发挥其作用。具体而言，合作社应加入相应的行业协会，主动与行业协会接触和联系，从而获得市场信息、生产技术等。合作社决策生产时要充分利用行业协会的信息，例如充分利用行业协会对市场需求预测信息。在有出口业务的情况下，合作社尤其应和行业协会合作，例如使用行业统一品牌、提高技术含量以符合进口国的要求，参加国际营销活动等。

6.3.5　媒体关系协调

当前，社会各种关系之间的信息沟通日趋紧密，快捷的信息传播给人们的生活带来了极大的便利。而社会各种关系之间沟通、交流的主要介质就是媒体，媒体具有快速传播信息的绝对优势。因此，媒体被称为组织外部公共关系工作中的首要公众，而被摆在最显著的位置。新闻媒体主要是指新闻传播机构和新闻界人士两部分。合作社要与新闻媒体保持良好的关系就应做到以下几点。

（1）加强沟通，尊重媒体。 合作社和媒体建立良好的合作关系，有利于良好合作社形象的传播，然而建立与媒体良好的合作关系绝不是一朝一夕的事情，必须从日常维护做起。合作社应该设立专职部门或者指定专人负责对当地主流媒体的关系协调。专职部门或专职人员在协调媒体关系时应注意以下几个问题：一是主动、礼貌接受采访，以真诚的态度，积极配合媒体工作。二是加强维护与媒体的日常关系，比如节假日拜访，对相关记者、编辑在工作、生活上出现的难题予以帮助等。三是做好基本工作，将合作社各时期的宣传资料尽可能准备翔实、全面，并适时更新。这些宣传资料作为记者采访的第一手资料，有先入为主的优势，必定对记者撰写稿件产生一定的影响。

（2）重视新闻策划，恰当选择传播媒介。 合作社不能简单地把媒体看作是投放广告的媒介，因为随着消费者自我保护和理智消费的增强，消费者对广告宣传已不再盲目追从了，他们更在意主流媒体对产品品牌的权威评价。因此，有关合作社的正面新闻报道比简单的广告宣传更容易打动消费者。同时，新闻媒介是专业性很强的一个领域，只有熟悉这个领域的业务特点和工作规律，才能协调好组织与新闻媒体的关系。合作社的专职部门或专职人员要把仔细研究各种新闻媒体的特点作为日常的基本业务之一，要了解报纸、杂志、广播、电视等不同类型媒体的功能和基本特点。

（3）建立媒体危机预警机制。 合作社不希望发生媒体危机，但有时媒体危机突如其来，难以预料，因此合作社应该树立危机意识，建立媒体危机预警机制，对危机的发生能作出恰当准确地回应和沟通，并及时采取补救措施，而不是出了问题后才亡羊补牢。当发生媒体危机时，应该虚心接受批评指正，尽快统一口径，统一认识。道歉的态度要诚恳，并且要注意措辞，补救措施得力、宣传到位，能博取公众的理解和信赖；对待不恰当的、失实的负面报道，应注意反驳的措辞和分寸，以不伤害各自的感情为前提，澄清事实真相，切不可剑拔弩张、兴师问罪；还应积极与新闻界配合，力争减小不利影响，重塑组织形象。

（4）充分发挥新媒体的作用。 当前，互联网已经成为新闻传播领域中影响巨大的、最具发展潜力的主流媒体，合作社千万不可忽视这一新兴媒体的巨大作用。网络多点对多点、双向互动的传播特点，使合作社与终端消费者的及时、双向沟通变为现实。合作社可以根据消费者的合理诉求，及时改善、不断提高产品的顾客满意度。与此同时，合作社还可以通过建立自己的网站，就合作社的产品和服务向顾客做深入的宣传。利用互联网门户网站或自己的网站发布信息或做广告，相比较在传统媒体上发布信息、做广告具有更快捷、周知范围更广、价格更便宜的优点。同时，目前还有许多合作社开设了自己的官方微博、微信公众号等自媒体。这些新媒体在合作社与消费者之间搭建了一个高效的沟通平台，成了合作社传播信息、展示形象、塑造品牌、扩大知名度和美誉度的一个很好的渠道。

6.3.6　政府关系协调

中央确立了统筹城乡发展和"多予、少取、放活"的农业发展方针，2004—2019 年连续发出 16 个中央 1 号文件，出台了一系列支农强农惠农政策。这些"含金量"很高的惠农政策，向农民发出了强烈的信号——党和政府非常重视农业、始终惦记农民，解决好"三农"问题在新阶段、新世纪成为党和政府工作的"重中之重"。合作社虽然不隶属于政府部门，但也有着和政府一样的目标和愿望，就是促进农民增收、实现农民富裕。总体而言，政府在合作社产生和发展过程中扮演着极为重要的角色，主要表现在：

(1) 政府应是合作社的支持者与合作者。《农民专业合作社法》是我国首次以立法形式推进农民的经济互助与合作，对于引导和促进合作社发展具有重大的现实意义和深远的历史意义。政府对合作社的支持体现在通过立法给合作社提供合法的生存空间、有力的法律保障；通过制定一系列倾斜政策，对合作社在生产、经营、销售、税收、金融方面提供便利，扶持合作社的发展；利用政府的自身优势，引导合作社的生产经营与国家农业发展趋势保持一致。

(2) 政府应是合作社的服务者与监管者。当前，政府对合作社的服务主要是利用政府在人才、信息、技术方面的优势，通过举办培训班、利用政府进行产品推介，推进合作社向前发展。随着合作社迅速发展，还需要政府对合作社发展中产生的问题早发现、早认识、早解决，加强对合作社的管理指导，规范和监督其经营运行，促进合作社健康有序发展。

(3) 政府应是合作社的协调者与教育者。合作社在发展过程中，必然会产生这样那样的矛盾，这就需要政府以协调者的姿态出现，协调处理好合作社与成员、合作社与合作社、合作社与集体经济组织、合作社与政府之间的矛盾，为其顺利发展清除障碍。同时，政府还扮演着教育者角色，政府对合作思想的宣传、教育和培训，也是合作社建立和发展的前提。

(4) 合作社积极主动利用政府扶持政策。一方面要经常向相关政府部门汇报沟通，争取业务指导，做好统计备案工作，争当示范合作社；另一方面要借助政府力量大力宣传自己，如积极配合政府组织的考察、参观活动等。

案例6-7：山东省沂源越水种植养殖专业合作社打造
"沂蒙小院"承接新型职业农民培训①

沂源越水种植养殖合作社位于山东省沂源县张家坡镇洋三峪村，成立于2012年8月。为拓展经营范围，做大做强合作社，2014年经合作社成员大会决议通过，注册成立了沂源洋三峪乡村旅游开发有限公司，采取"合作社办公司带农户"的模式，推动一二三产业融合发展。

为充分调动村民参与的积极性，合作社与成员农户签订了合作协议，由合作社出资统一设计、统一改造装修、统一设施配套、统一管理，成员以房产入股，合作社负责日常管理运营、宣传营销等工作，成员负责接待、日常服务，收入按四六分成。合作社投资1 000多万元对村内闲置房屋实施综合改造装修，建成"沂蒙小院"32套。"沂蒙小院"建设满足了游客住农家屋、吃农家饭、摘农家果、看乡村景的消费需求，合作社年接待游客3万多人次，旅游收入400多万元，仅苹果采摘一项年销量就达500吨、"三黑"肉蛋销售5 000多千克。

合作社2015年被评为山东省新型职业农民培育实训基地，通过政府采购模式承接新型职业农民培训的任务，充分利用"沂蒙小院"和乡村果蔬等特色农产品资源，为培训提供实训场地、食宿、农事体验、能力拓展等服务。合作社已开展各类培训300余期，接待来自全国各地的培训人员6万余人次，每年增加收入600万元；合作社成员工资性收入3万元/年，民宿户年收入增加4万余元。

6.3.7 社区关系协调

社区是社会组织所在区域的自然环境与社会环境的综合，为组织提供各种社会服务，为员工创造良好生活环境，为组织提供丰富的劳动力资源。合作社就是由社区内的众多农户组成的，合作社与社区一定要形成真正的血肉联系，二者是共存共荣的关系。具体而言，要做到以下几个方面：

（1）加强与村党支部的合作。 农村党支部是党在农村的基层组织，领导本地区的工作。村党支部以及全体党员，是农民群众的核心，在农村具有较强的

---

① 农业农村部农村合作经济指导司，农业农村部管理干部学院.全国农民合作社典型案例（一）[M].北京：中国农业出版社，2019.

号召力。党支部的成员来自农村群众，因此对当地情况熟悉，了解农民群众的切实需求。合作社加强与村党支部的合作，可以促进合作社的顺利发展。在与党支部的合作中，主要方法是吸收党员成为合作社的成员，在物质和资金等方面支持党支部的发展。这样合作社可以利用党支部在农村的号召力，顺利开展业务；帮助贫苦农户加入合作社，使其脱贫致富；同时对合作社的运行起到相应的监督作用。

案例6-8：山东省烟台格瑞特果品专业合作社党建带社建的典范[①]

山东省栖霞市蛇窝泊镇东院头村共有319户852人，常住人口不到600人，其中有44名党员，土地面积近4 000亩，村民历来靠种苹果为生。2011年以前，村里党员队伍"一盘散沙"，曾连续8年没有村支书，集体没有一分钱，村集体欠下60多万元的债务，仅有的几间办公室也被私人占用；村里没有一条水泥路，物品乱堆乱放到处都是，成了全市的垫底村，老百姓怨声载道，恨班子不争气，怨党员没骨气。2011年9月，村里组建了新的村党支部。面对村里"人老、树老"的现实，村两委决心改变本村落后面貌、重塑支部形象、带领村民彻底摆脱贫穷。通过学习国家政策和外出调研，村两委认为成立合作社、流转土地、发展产业项目，是农村实现现代化发展的大趋势。

为打消村民对成立合作社的疑虑，村党支部1个月内组织召开12次村民大会，还专门邀请青岛农业大学合作社学院专家，为村民面对面讲解办合作社的好处、怎么建合作社、村党支部领办合作社的优势，并展示了全国成功案例。开讲座那天，天特别冷，讲座就在村大街上进行，3个多小时没有一个村民离开，大家听得很认真、很用心。当天晚上，支部成员就走家串户动员，发放调查问卷，问村民同不同意加入合作社。第二天上午一统计，村民入社同意率达到75%。村党支部引导老百姓算大账、算长远账。最终确定采用入股、置换、租赁相结合的方式实现村土地股份合作。

有了新思路新方法，村委会趁热打铁，号召"干部带头入、党员先入"，党支部书记、村委会主任、其他两委成员、普通党员，除了土地入股，还分别率先现金入股20万元、10万元、5万元、3万元。在组织运行上，村两

---

①　农业农村部农村合作经济指导司，农业农村部管理干部学院．全国农民合作社典型案例（一）[M]．北京：中国农业出版社，2019．

委与合作社实行"双向进入、交叉任职"，村党支部书记兼任合作社党支部书记、理事长，村委会主任兼任监事长，其他村两委成员及党员任理事、监事，实现合作社发展与村级事务共同研究、一体推进。最终，共发动180户村民、筹集2 200万元，成立了烟台市第一个党支部领办的合作社，迈出了抱团发展、富民强村的关键一步。

(2) 加强与村民委员会的合作。 村民委员会是村民自治组织，现实中在某种程度上又具有准行政机关的性质，行使一定的行政管理职能，具体表现在土地管理、计划生育、经济发展、社会治安等方面。在村集体经济组织不健全的地方，村民委员会又代行经济管理职能。在合作社创办初期，村民委员会可以积极动员和组织农民参加合作社，在土地使用、土地规划、合同签订等方面支持专业合作社的发展，帮助克服合作社在创办及发展中遇到的困难。

案例6-9：河北省南和县金沙河农作物种植专业合作社积极打造"村社双赢"①

河北省南和县金沙河农作物种植专业合作社成立于2012年，在发展初期，合作社积极争取村委会的支持。村委会可以为合作社提供前期土地流转整合、种植过程中的村民矛盾调解、水电路设施监督和维护、防火防盗等综合性服务，降低了合作社与农户之间的交易成本。合作社根据入社托管的土地面积，给村委会每亩地50元/年的服务费，服务费直接支付给土地所在村的"村财乡管"集体账户。2018年，合作社共支付服务费76.58万元，涉及5个乡镇22个村，其中有6个贫困村、97户贫困户、181名贫困人口。例如土地规模最大的闫里村入社管理的土地面积达5 000亩，仅服务费的年收入就达到25万元。2019年，合作社预计支付服务费115万元，涉及30个行政村。现在，许多自主经营的农户都想把土地流转给合作社，已经给合作社流转土地的农户也愿意转为股权农户。在县委领导下，在基层党支部和村民委员会的支持下，金沙河合作社将进一步扩大规模，努力创造出更多的社会财富，让更多农户分享增产增收的红利，使农业规模化和一二三产业融合发展模式展示出更大的生命力。

---

① 农业农村部农村合作经济指导司，农业农村部管理干部学院. 全国农民合作社典型案例（一）[M]. 北京：中国农业出版社，2019.

(3) 积极参与社区公益事业。 随着入社农户数量的增加，比较容易形成规模效益。但要产生大的影响，除了带动辐射非社员，还必须积极参与社区公共事务，让合作社对外有个好的形象。树立合作社形象，可以组织合作社成员做些力所能及的公益事业，比如帮助贫困户、维护村庄水利设施、清理村庄环境等。同时，还有一点很重要，那就是合作社要支持社区教育发展（境外的合作社在这一做法上很普遍），比如设立奖学金资助本社区的学生（社员子女优先），尤其是在本社区的学生考上好的大学时。

案例 6-10：内蒙古扎鲁特旗玛拉沁艾力养牛专业合作社积极助力嘎查脱贫致富[①]

扎鲁特旗玛拉沁艾力养牛专业合作社成立于 2014 年 1 月 9 日，位于内蒙古自治区通辽市扎鲁特旗巴彦塔拉苏木东萨拉嘎查（蒙语称乡镇为"苏木"，村为"嘎查"），合作社名称意为"牧民之家"。合作社心怀趟出牧民致富路的理念，瞄准扶贫对象，整合资源，实施精准扶贫，积极探索脱贫致富新路子。

一是就业带动。合作社就地转移非贫困户就业 46 人，他们多是嘎查返乡农民工，通过培训参加技术岗位，月平均工资 4 000 元。合作社间接带动非贫困户 165 人，其中吸纳本地大学生 12 人，分别在养殖、种植、加工环节就业，月平均工资为 4 500 元。合作社按劳动技能分配工作，给 26 个贫困户提供了就业岗位，其中 6 个常年性岗位、20 个季节性岗位。5 年来，合作社为牧民就业创收共计 412.5 万元，养殖户人均年收入 4 万元以上。

二是基地带动。合作社建立规模化养殖基地，为牧民提供技术培训，示范带动贫困户养牛。对于有劳动能力的贫困户，合作社提供就业岗位和金融担保，鼓励贫困户自主发展养牛产业。目前合作社与贫困农户订单式合作经营 3 200 头牛，其中 2 100 头为合作社自有，1 100 头是与牧民合作养殖。

三是产业帮扶。对于无劳动能力的贫困户，合作社落实产业扶贫政策进行兜底帮扶。5 年来，合作社累计资助贫困家庭大学生及入伍青年 31 名，救助孤寡老人 6 人，扶持困难户建房 7 户，累计投入扶持资金达到 16.9 万元。

---

① 农业农村部农村合作经济指导司，农业农村部管理干部学院. 全国农民合作社典型案例（一）[M]. 北京：中国农业出版社，2019.

6.4 合作社公共关系专题活动

公共关系专题活动是为了某个公共关系主题有效传播目的，有计划、有步骤地组织目标公众参与的集体行动。公共关系专题活动被许多社会组织广泛运用，成为其开展公共关系活动的重要方式。对于合作社而言，也可以积极开展下列公共关系专题活动。

6.4.1 赞助活动

赞助活动是组织以无偿提供资金、物质进行帮助或支持的方式，发起、组织、参与某一个有广泛群众基础同时能获得一定形象传播效益的社会活动。赞助活动是一项战略性投资活动，其目的是为本组织在公众心目中树立起具有高度社会责任感的社会形象，提高组织的知名度和影响力，博取社会公众对组织的好感。赞助活动内容广泛，类型多样，合作社可以根据自身特点及公共关系的定位有选择性地挑选赞助活动，比如赞助体育活动、文化事业、教育事业、社会慈善或社会福利事业。

案例 6-11：河南省淮滨县丰年种养殖专业合作社的"希望工程·圆梦大学"行动①

2014 年 8 月 21 日，"丰年合作社 2014'希望工程·圆梦大学行动'芦集乡捐款 20 万元发放仪式"在淮滨县芦集乡第二初级中学隆重开幕。河南电视台、信阳电视台、信阳豫南风、信阳日报、信阳晚报、信阳周刊、新浪网信阳频道、腾讯网信阳频道、淮滨电视台、淮滨论坛等近 20 家知名媒体网站全程报道。此次公益活动备受关注，除了众多媒体的广泛参与外，信阳团市委、县委统战部、团县委、芦集乡的领导及 20 多位村党支部书记等也一同出席，受捐助的 50 个家庭以及附近十多个村庄闻讯而来的乡亲们将现场渲染得热闹非凡，之后还有受捐助家庭的代表上台发言，讲述丰年合作社的爱心之举。

据悉，此次捐款由淮滨县丰年种养殖专业合作社倾情奉献，捐款金额共计

---

① 资料来源："淮滨论坛"2014 年 8 月 22 日 http：//www.huaibin88.cn/thread-1398536-1-1.html。

20 万元，捐助对象主要为芦集乡 2014 年考上大学的 50 名贫困生，每名贫困大学生凭大学录取通知书当场领取 4 000 元助学金。根据调查得知，芦集乡不少贫困家庭根本无力负担子女的大学学费，丰年合作社的捐款行动恰为他们解了燃眉之急。不仅如此，丰年合作社还曾于 2013 年在新县高中为"希望工程•圆梦大学行动"捐款 10 万元，于 2014 年 5 月在潢川县为隆古乡中心村小学捐物 3 万元。

6.4.2　庆典活动

庆典活动是组织向社会和公众第一次展现自身、引起公众与社会关注的公关专题活动，它可以使组织第一次或在原有的基础上以崭新的姿态与公众接触，帮助公众正确认识组织形象以及它所反映的经营管理水平、领导能力、成员素质等，它往往会成为社会公众对其取舍和亲疏的重要标准。它不同于组织平常的活动，由于其特殊性和隆重性，一般会引起社会公众较多的关注，因此它是扩大组织社会影响力的极好机会。具体而言，合作社可以在组织成立时举行隆重的开业庆典，尤其是作为本地区第一家合作社或第一家联合社时，可以邀请相关政府主管领导、同业代表、新闻记者参加。此外，合作社还可以利用周年纪念日（尤其是逢 5 或 10 周年）举行庆典活动，对外宣传合作社取得的成绩，设计并广泛赠送周边纪念品（如茶杯、毛巾、T 恤衫、小文具等），以此扩大合作社的社会影响力。

案例 6 - 12：山东省沂源越水种植养殖专业
合作社通过举办庆典聚人气[1]

沂源越水种植养殖合作社位于山东省沂源县张家坡镇洋三峪村，洋三峪村地处沂源县城东南，淄博、潍坊、临沂三市交界处，四面环山，是典型的山区村。立足洋三峪村深厚的文化底蕴和豪山景区资源优势，合作社大力挖掘和提炼伏羊文化、苹果文化、民间艺术等地域文化特色，赋予其新的内涵和价值，连续承办了七届省级伏羊文化节、六届山东沂源红苹果文化节、山东首届农民丰收节、淄博市清明毫山登山节等一系列节庆赛事活动。合作社投资 600 多万元，建设了文化活动基地，配套完善软硬件设施，并编写了洋三峪民间传说、

---

① 农业农村部农村合作经济指导司，农业农村部管理干部学院. 全国农民合作社典型案例（一）[M]. 北京：中国农业出版社，2019.

书籍和歌曲。2018年4月，在洋三峪景区成功举办了山东省第八届全民健身运动会万人骑行沂源站活动暨首届沂源自行车山地公路赛，网络点击量达到800余万次。通过举办节庆及赛事活动，有力拓宽了合作社产品的销售渠道，合作社年均销售畜禽产品500多吨。

6.4.3　新闻发布会

新闻发布会，是政府、企业、社会团体和个人把各新闻机构的有关记者邀请来，宣布某个或某些重要消息，并让记者就此进行提问，然后由召集者回答的一种具有传播性质的特殊会议。它是社会组织传播各类信息的最好形式之一，通过出席新闻发布会的各种新闻媒介的记者，组织可将有关信息经大众传播媒介迅速地扩散和放大到全社会。它可以公布与解释组织的重大决策、行动措施，传达组织的某些意图、设想、计划、安排，澄清事实、纠正谬误，检讨失职，回答咨询，并且协助新闻界及时了解组织从事的各种业务，吸引新闻界进行客观报道。由于新闻发布会所耗成本较高，一般情况下，合作社可以借助联合社、联合会或政府部门的力量来举行新闻发布会。

6.4.4　开放参观活动

开放参观活动是组织邀请内外公众参观本组织的工作条件、环境设施、成就展览等，可以借此争取公众对组织的了解和支持，扩大组织的影响，进而树立良好的形象。合作社可以组织一些常规性参观活动，比如在合作社的周年纪念日或其他特殊节日（如国际合作社日、中国农民丰收节）时，邀请社会公众来参观合作社的产品生产加工过程（类似于"透明车间"，将生产后台呈现给公众）；同时，合作社还可以组织一些专题性的参观活动，比如与周边学校联系，邀请中小学生或学龄前幼儿在老师和家长带领下来合作社进行特定主题的参观活动（如辨识农作物、体验农耕生活、手工DIY等）。

6.4.5　展览、展销会

展览、展销会议是公共关系活动中经常使用的一种形式。展览会在确定的时间和空间里，依照一定的主旨，设计、布置、安装实物、图片、主作品、图表及音像、影视材料等多种媒介，向广大公众开放，以宣传组织的某些主张、观念和产品的活动形式；展销会与展览会有同有异，同是在形式上都是"展"，异是展销会是边展边销，为销而展，以展促销，展是手段，销是目的。展览会以介绍组织甚至个人的各种情况、成就、最新产品等为主要内容，纯粹是一种宣传活动；展销会则是一种目的很明确的经济活动，以推销产品、开拓市场为主要内容，它是展览活动的继续和发展。在公关活动中，展览和展销两者往往是相互蕴含的。毫无疑问，为了进一步宣传自身，合作社应该积极参加各类相关的农产品展览会、博览会、展销会，以此扩大合作社产品的知名度和影响力。

案例 6-13：山西临猗县王万保果品种植专业合作社的 "艺术苹果" 惊艳各大展销会①

山西省运城市临猗县王万保果品种植专业合作社自 2009 年 4 月成立至今，积极创建 "王万保" 品牌苹果。经过多年的不懈努力，"王万保" 苹果由最初代表临猗苹果参加各地展销，发展到代表运城苹果、代表山西苹果参加全国展销，进而代表中国苹果远赴美国纽约、法国巴黎、俄罗斯圣彼得堡和德国、瑞士等地展销。"王万保" 苹果销往全国 25 省市的 56 座大中城市，还出口到泰国、印度、越南、迪拜、俄罗斯、孟加拉国等国家，取得了良好的经济效益和社会效益。

与此同时，为了提高苹果文化品位，提高果品附加值，增加成员收入，合作社与果农探索生产艺术苹果，采用先进的工艺技术，生产出 "河东名胜" "四大名著" 等 8 大系列 120 多个品种的艺术苹果，果面上显示《河东名人》《河东名胜》《红楼梦》《三国演义》《西游记》等富有文化品位的图案。2012年艺术苹果参加第十届中国国际农产品博览会，由于质量上乘，包装精美，一箱艺术苹果卖到 188 元还供不应求。2018 年在阿联酋迪拜国际博览会上，一箱 12 个关公艺术苹果卖到 240 迪拉姆（约合人民币 430 元）。几年来，合作社共培育出 1 000 亩艺术苹果示范园，成员亩均收入超 2.6 万元，仅此一项，每年增收 1 600 万元。

6.5 合作社公共关系危机管理

6.5.1 公共关系危机简介

危机是指事物由于量变的积累，导致事物内在矛盾的激化，事物即将发生质变和质变已经发生但未稳定的状态。这种质变给组织或个人带来了严重的损

---

① 农业农村部农村合作经济指导司，农业农村部管理干部学院．全国农民合作社典型案例（一）[M]．北京：中国农业出版社，2019．

害。为阻止质变的发生或减少质变所带来的损害，需要在时间紧迫、人财物资源缺乏和信息不充分的情况下立即进行决策和行动。危机这个词是由危险和机会组成的，它本身是一个中性词。危机中虽然孕育着机会，但危机毕竟不是人们愿意看到的事，而且要在危机中把握机会的难度很大。因此，所谓公共关系危机是指由于主观或客观的原因，组织与公众的关系处于极度紧张的状态，组织面临十分困难的处境。一般而言，合作社所面对的公共关系危机主要有以下几种。

(1) 经营危机。合作社的经营危机是指由于合作社管理不善而导致的危机，比如投资失误、定价失误、产品质量问题、管理混乱等。另外，合作社由于种种原因而经营不下去、濒临破产也属于此类危机。

(2) 素质危机。合作社的素质危机是指由于合作社内部素质不高危及自身生存的危机，比如社员或员工缺乏公关意识和质量意识、专业技能低下、组织技术水平不高导致的危机。另外，由于合作社基本建设设施、建筑老化，设备重大故障而导致的危机也属于此类危机。

(3) 商誉危机。合作社的商业信誉危机主要是指由于不履行合同、不按时交货、存在产品质量问题而形成的危机。商誉是任何商事组织存在和发展的根本，合作社一旦出现商誉危机会直接威胁合作社的生存。

(4) 形象危机。合作社的形象危机是指合作社由于自身形象不好、知名度不大、美誉度不高，或者总体特征设计不好、行为不当造成的危机。当然，前述经营危机、素质危机、商誉危机最终都会影响合作社形象，导致形象危机。

6.5.2　公共危机关系管理

危机事件的出现，具有较大的随机性，无法预测，而且往往受到不可控因素的限制，时间短，来势凶猛，任何组织都希望能与之无缘。但是，就总体而言，只要有经营管理活动存在，就可能出现危机事件，有时是事出有因，有时是飞来横祸，有时是不白之冤……总之都是以破坏组织形象为代价的。因此，首要的任务是要在思想认识上高度重视危机管理工作。应对危机的上上之策是积极开展危机管理，使管理者和普通成员养成居安思危、居危思危的意识，认真探求危机发生机制，从克服危机的角度强化内部制度建设，建立危机管理预警系统，从根本上克服危机。具体而言，公共关系危机管理一般包括五个方面的工作。

(1) 危机预防。危机预防也称为反危机管理，是指在组织的日常工作中，采取周密的措施，将危机出现的可能减至最低。合作社的公共关系危机预防主

(3) 积极参与社区公益事业。 随着入社农户数量的增加，比较容易形成规模效益。但要产生大的影响，除了带动辐射非社员，还必须积极参与社区公共事务，让合作社对外有个好的形象。树立合作社形象，可以组织合作社成员做些力所能及的公益事业，比如帮助贫困户、维护村庄水利设施、清理村庄环境等。同时，还有一点很重要，那就是合作社要支持社区教育发展（境外的合作社在这一做法上很普遍），比如设立奖学金资助本社区的学生（社员子女优先），尤其是在本社区的学生考上好的大学时。

案例6-10：内蒙古扎鲁特旗玛拉沁艾力养牛专业合作社积极助力嘎查脱贫致富[①]

扎鲁特旗玛拉沁艾力养牛专业合作社成立于2014年1月9日，位于内蒙古自治区通辽市扎鲁特旗巴彦塔拉苏木东萨拉嘎查（蒙语称乡镇为"苏木"，村为"嘎查"），合作社名称意为"牧民之家"。合作社心怀趟出牧民致富路的理念，瞄准扶贫对象，整合资源，实施精准扶贫，积极探索脱贫致富新路子。

一是就业带动。合作社就地转移非贫困户就业46人，他们多是嘎查返乡农民工，通过培训参加技术岗位，月平均工资4 000元。合作社间接带动非贫困户165人，其中吸纳本地大学生12人，分别在养殖、种植、加工环节就业，月平均工资为4 500元。合作社按劳动技能分配工作，给26个贫困户提供了就业岗位，其中6个常年性岗位、20个季节性岗位。5年来，合作社为牧民就业创收共计412.5万元，养殖户人均年收入4万元以上。

二是基地带动。合作社建立规模化养殖基地，为牧民提供技术培训，示范带动贫困户养牛。对于有劳动能力的贫困户，合作社提供就业岗位和金融担保，鼓励贫困户自主发展养牛产业。目前合作社与贫困农户订单式合作经营3 200头牛，其中2 100头为合作社自有，1 100头是与牧民合作养殖。

三是产业帮扶。对于无劳动能力的贫困户，合作社落实产业扶贫政策进行兜底帮扶。5年来，合作社累计资助贫困家庭大学生及入伍青年31名，救助孤寡老人6人，扶持困难户建房7户，累计投入扶持资金达到16.9万元。

---

① 农业农村部农村合作经济指导司，农业农村部管理干部学院 . 全国农民合作社典型案例（一）[M]. 北京：中国农业出版社，2019.

6.4 合作社公共关系专题活动

公共关系专题活动是为了某个公共关系主题有效传播目的，有计划、有步骤地组织目标公众参与的集体行动。公共关系专题活动被许多社会组织广泛运用，成为其开展公共关系活动的重要方式。对于合作社而言，也可以积极开展下列公共关系专题活动。

6.4.1 赞助活动

赞助活动是组织以无偿提供资金、物质进行帮助或支持的方式，发起、组织、参与某一个有广泛群众基础同时能获得一定形象传播效益的社会活动。赞助活动是一项战略性投资活动，其目的是为本组织在公众心目中树立起具有高度社会责任感的社会形象，提高组织的知名度和影响力，博取社会公众对组织的好感。赞助活动内容广泛，类型多样，合作社可以根据自身特点及公共关系的定位有选择性地挑选赞助活动，比如赞助体育活动、文化事业、教育事业、社会慈善或社会福利事业。

案例 6-11：河南省淮滨县丰年种养殖专业合作社的
"希望工程·圆梦大学"行动①

2014 年 8 月 21 日，"丰年合作社 2014‘希望工程·圆梦大学行动’芦集乡捐款 20 万元发放仪式"在淮滨县芦集乡第二初级中学隆重开幕。河南电视台、信阳电视台、信阳豫南风、信阳日报、信阳晚报、信阳周刊、新浪网信阳频道、腾讯网信阳频道、淮滨电视台、淮滨论坛等近 20 家知名媒体网站全程报道。此次公益活动备受关注，除了众多媒体的广泛参与外，信阳团市委、县委统战部、团县委、芦集乡的领导及 20 多位村党支部书记等也一同出席，受捐助的 50 个家庭以及附近十多个村庄闻讯而来的乡亲们将现场渲染得热闹非凡，之后还有受捐助家庭的代表上台发言，讲述丰年合作社的爱心之举。

据悉，此次捐款由淮滨县丰年种养殖专业合作社倾情奉献，捐款金额共计

---

① 资料来源："淮滨论坛" 2014 年 8 月 22 日 http://www.huaibin88.cn/thread-1398536-1-1.html。

要有以下工作：首先，树立危机意识。特别是要在管理层中（理事会、监事会）进行危机意识的宣传教育和危机管理知识的普及、培训，在管理层中形成危机管理意识。其次，采取控制潜在危机的手段和策略。合作社各个部门的主要负责人手里都应该有一份本部门可能发生的危机清单，针对这些可能的危机，拟订严格的工作规程和纪律，如操作规程、保密条例、质量标准等。最后，保证信息沟通渠道的畅通。通过加强合作社各职能部门的横向沟通，实现信息共享共用，保证合作社与外部环境信息沟通渠道的畅通。

（2）**危机准备**。既然危机是不可避免的，那么，提前做好危机公关的准备工作就显得十分必要。在实践中，危机准备包括：第一，建立危机报告和管理制度。为保证危机管理的有效性，合作社要根据不同类型的危机，建立相应的危机报告和管理制度。第二，成立危机处理小组。小组主要由理事长、职业经理人、各职能部门主要负责人、公关专员、法务顾问等组成，危机处理小组是全权处理危机的非常设机构，当危机出现时，危机处理小组立即进入管理和运行状态，并在合作社社员（代表）大会的授权下开展工作。第三，制定作为实施危机管理行动纲领的危机公共关系计划。

（3）**危机确认**。危机确认就是做出启动危机管理程序的决策，这意味着给组织面临的问题定性，同时也意味着组织将实施一系列管理和挽救措施的意愿。危机确认是危机处理的关键，如果组织能尽早地确认危机，就能在危机形成的早期比较主动地处理危机；否则，等到事态扩大、舆论蔓延才不得不采取行动，则会给组织形象和公众关系带来更深的负面影响。

（4）**危机处理**。当组织面临公共关系危机时，应迅速地启动危机处理程序。具体的处理程序和注意事项如下：首先，危机处理小组迅速到位开展工作；其次，及时向社员、员工、业务伙伴和社会公众通报事件进展和处理情况；再次，集中一切力量调查危机的真正原因；最后，做好信息传播和沟通协调工作，这是危机公共关系中最为重要的工作。

（5）**危机后总结**。危机的纷乱过去后，危机管理并没有结束，做好危机总结工作是提高组织危机管理水平不可缺少的一环。一是要从导致危机的原因中总结经验教训，找出工作中的不足；二是要制定防止相同危机再次发生的措施；三是进行危机处理效果评估，作为以后改进工作的参考。

第7章　对农民专业合作社的扶持政策

党中央国务院高度重视农民合作社的发展。习近平总书记多次作出重要指示，指出"农村合作社是新时期推动现代农业发展、适应市场经济和规模经济的一种组织形式""农业合作社是发展方向，有助于农业现代化路子走得稳、步子迈得开""农民专业合作社是带动农户增加收入、发展现代农业的有效组织形式，要总结推广先进经验，把合作社进一步办好"，要求"要突出抓好农民合作社和家庭农场两类农业经营主体发展，赋予双层经营体制新的内涵，不断提高农业经营效率"。近年来，多个中央1号文件都对支持发展农民合作社提出了明确要求。在农民合作社法律法规和支持政策的保障激励下，我国农民合作社蓬勃发展，农民群众的合作意愿持续增强，截至2019年8月底，依法登记注册的农民合作社达220.7万家，辐射带动全国近一半的农户。农民合作社产业分布极其广泛，已经成为组织服务小农户的重要载体、激活农村资源要素的重要平台、维护农民权益的重要力量，在建设现代农业，助力脱贫攻坚、带领农户增收致富中发挥着积极作用。

在乡村振兴战略背景下，农民的合作意识和合作需求进一步被激发，并得到增强，众多农民开始加入或创办各种类型的专业合作社。2019年中央1号文件非常重视农民合作社等新型经营主体在全面深化农村改革、激发乡村发展活力中的重要作用，强调突出抓好家庭农场和农民合作社两类新型农业经营主体，要求开展农民合作社规范提升行动，深入推进示范合作社建设，建立健全支持农民合作社发展的政策体系和管理制度。落实扶持小农户和现代农业发展有机衔接的政策，完善"农户＋合作社"等利益联结机制。为贯彻实施乡村振兴战略，决胜全面建成小康社会，全面建设社会主义现代化国家，近年来，中央和各部委出台一系列与合作社发展工作举措相关的政策文件，从金融支持政策、财政扶持政策、涉农项目支持政策、农产品流通政策、人才支持政策、农业脱贫攻坚等方面对合作社发展加以规范。

7.1　财政项目扶持政策

党中央、国务院强调国家在农业基础设施建设、技术推广、农产品营销等方面的优惠扶持政策要向农民专业合作社倾斜;《农民专业合作社法》对国家财政支持农民专业合作组织提出了明确的政策要求,第六十四、六十五条明确表示:国家支持发展农业和农村经济的建设项目,可以委托和安排有条件的农民专业合作社实施。中央和地方财政应当分别安排资金,支持农民专业合作社开展信息、培训、农产品标准与认证、农业生产基础设施建设、市场营销和技术推广等服务。国家对革命老区、民族地区、边疆地区和贫困地区的农民专业合作社给予优先扶助。

近年来,国家财政非常重视对农民合作社发展的财政项目支持,从 2003 年开始,中央财政在预算中专门安排用于支持农民专业合作组织发展的资金,并逐年加大投入力度。如图 7-1 所示,2018 年扶持合作社发展的各级财政资金总额 68.1 亿元,比 2017 年增长 4.6%,共扶持合作社 3.8 万个,平均每个获得扶持的合作社获得资金 18.1 万元。承担国家涉农项目的合作社总数达 6 315 个,比 2017 年增长 27.2%。5 年来,各级财政扶持合作社发展资金总额达 282.3 亿元,平均每年扶持 56.5 亿元。国家财政资金主要通过各类农业农村经济建设项目、特色农产品创及农超对接等强农惠农工程等项目实施来扶持农民合作社的发展。

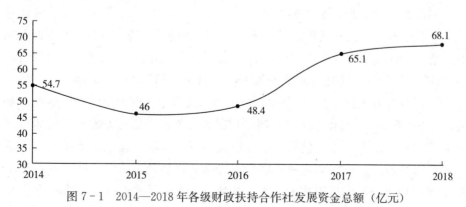

图 7-1 2014—2018 年各级财政扶持合作社发展资金总额(亿元)

7.1.1 哪些属于农业和农村经济建设项目

建设项目是一个较为宽泛的概念,包括土木工程、建筑工程、线路管道和设备安装工程及装修工程及农业基本建设项目和农业综合开发项目等。

根据有关规定,国家支持发展农业和农村经济的建设项目包括:为了国家调整农业生产结构、转变农业增长方式,提高农业综合生产能力而支持的建设项目;为了稳定发展粮食生产,实施优质粮食产业而支持的大型商品粮生产基地及确保国家粮食安全的建设项目；为了优化农业生产布局，推进农业产业化经营，促进农产品加工转化增值，发展高产、优质、高效、生态、安全农业而支持的建设项目；为了大力发展畜牧业，保护天然草场，建设饲草基地而支持的建设项目；为了积极发展水产业，保护和合理利用渔业资源而支持的建设项目；为了加强农田水利建设，改造中低产田，搞好土地整理而支持的建设项目；为了提高农业机械化水平，加快农业标准化，健全农业技术推广、农产品市场、农产品质量安全和动植物病虫害防控体系而支持的建设项目；为了积极推行节水灌溉，科学使用肥料、农药，促进农业可持续发展而支持的建设项目；为了发展远程教育和广播电视"村村通"而支持的建设项目；为了加大农村基础设施建设投入，加快乡村道路建设，发展农村通信，继续完善农村电网而支持的建设项目；为了解决农村饮水的困难和安全问题而支持的建设项目；为了普及农村沼气，发展适合农村特点的清洁能源而支持的建设项目；为了加强农田水利、耕地质量和生态建设而支持的建设项目等。

7.1.2 特色农产品区域布局

随着工业化、城镇化和农业现代化的快速推进，特色农产品新产品、新品牌、新品种大量涌现，生产的专业化、规模化、标准化、市场化水平越来越高，特色农产品的品种品质、技术条件、空间布局、市场竞争力均发生较大变化，农业农村部结合《全国主体功能区规划》中"七区二十三带"农业战略格局要求，规划了一批特色农产品的优势区，并细化到县，出台并印发了《特色农产品区域布局规划（2013—2020年）》（下文简称《规划》）。规划期内，重点发展10类144个特色农产品，制定和完善特色农产品有关的国家标准和行业标准，启动建设一批特色农产品标准化生产示范区，建立一批特色农产品原产地保护基地，开发驯化一批特色农产品名优品种，推广一批特色农产品的生产、加工、储藏适用技术，大力扶持特色农产品专业协会和农村合作经济组织，构建特色农产品质检体系、营销体系和信息平台，培育一批知名的特色农产品优势产区，逐步形成一批在国内外公认、拥有自主知识产权的知名品牌。规划确定特色蔬菜、特色果品、特色粮油、特色饮料、特色花卉、特色纤维、道地中药材、特色草食畜、特色猪禽蜂、特色水产10类特色农产品，重点予以扶持建设，尽快提高这些特色产品的市场竞争力，培植区域特色支柱产业。

《规划》要求各级有关部门要加强调查研究，摸清实际情况，准确认识和把握特色农产品发展客观规律，进一步统一思想，提高认识，把推进特色农产品区域化布局，作为建设社会主义新农村的一项重要措施。各地区要从当地实际出发，充分发挥规划的宏观指导作用，找准发展特色农产品的切入点，形成各具特色的发展模式，打造区域特色产业。要加强对国有农场特色产品发展的指导，使其成为所在区域发展特色农产品的重要力量。在推进特色农产品区域化布局过程中，要充分尊重农民意愿，不搞强迫命令，不急于求成，坚持市场取向，依靠产业政策，加快引导和推动。《规划》强调完善特色农产品发展扶持政策。已经制定和实施的支农惠农政策，要尽可能把扶持区域特色产业、发展"一村一品"纳入其中，并逐步规范化。根据特色农产品的特点和发展实际需要，尽快制定相应的扶持政策。要求加大投入力度，利用农业农村部现有项目和资金渠道，进一步加大对特色农产品发展的倾斜支持力度，重点扶持特色农产品的良种繁育、新产品研发、技术创新、市场建设、原产地维护和生产示范等关键环节。各省（自治区、直辖市）要加强沟通协调和工作宣传，引导各部门资金加大投入，广泛吸引金融资本、企业资本、社会资本支持当地特色农产品发展。整合各类涉农资金，严格项目监管，提高资金使用效率，及时发挥投资效益。鼓励发展新型农业经营主体加快培育种养大户、家庭农场、农民合作社、农业产业化龙头企业等新型经营主体，推进特色农产品发展专业化生产、集约化经营和社会化服务。要根据新型经营主体的不同特性，加强分类指导，实行差别化扶持政策，因地制宜明确界定各类主体的规范标准、登记办法，制定出台相应倾斜政策。着力扶持建立特色农产品农民合作组织，努力促进农民合作社规范化建设，不断增强农民合作社市场竞争能力，提高农民的市场主体地位。支持农业产业化龙头企业在优势区建设特色农产品生产、加工和出口基地，充分发挥企业的引领带动作用，与农民建立稳定的产销关系。通过发展订单农业等多种形式，在农业产业化龙头企业、中介组织和农民合作组织（基地）之间建立稳定的利益联结机制，让农户更多分享加工销售收益。

7.1.3　农超对接工程

农产品销售难是合作社发展中突出的问题。一是我国农产品流通环节过多。西方发达国家超市销售农产品比重占 75% 以上，而我国仅在 15% 左右。从生产者到经纪人，到产地批发，再到销地批发，销地批发还分一级批发、二级批发等，批发市场有各种政府收费多达 20 项。流通环节越多，农产品损耗越大（全国农产品在流通环节损耗约 25%）。二是合作社产品难以进入超市，因为单个合作社的产品品种单一、供应周期短，无法满足超市的连续性要求，进超市销售还需要交纳条码费、店庆费等费用，很多合作社也不重视进入超市的基础条件——条码。

2009年商务部、财政部、农业部联合开展农超对接，中央财政安排4亿元资金在17个省（自治区、直辖市）开展试点，鼓励连锁超市与农产品生产基地建立长期、稳定的购销关系，缩短中间环节，发展新型农产品流通模式。随后几年间，我国又陆续发布了较多政策来支持"农超对接"。如《教育部办公厅、农业部办公厅、商务部办公厅关于高校食堂农产品采购开展"农校对接"试点工作的通知》（2009年11月5日）、《商务部、农业部关于全面推进"农超对接"工作的指导意见》（2011年2月23日）、《商务部办公厅、农业部办公厅关于开展"全国农超对接进万村"行动的通知》（2011年10月9日）、《国务院关于支持农业产业化龙头企业发展的意见》（2012年3月6日）、《商务部关于鼓励和引导民间资本进入商贸流通领域的实施意见》（2012年6月18日）、《国务院关于深化流通体制改革加快流通产业发展的意见》（2012年9月20日）、《商务部关于加快推进鲜活农产品流通创新的指导意见》（2012年12月19日），等等。

2018年初，农业部出台《关于大力实施乡村振兴战略加快推进农业转型升级的意见》，提出实施品牌提升行动。要求将品牌打造与粮食生产功能区、重要农产品生产保护区、特色农产品优势区建设，绿色、有机等产品认证紧密结合，打造一批国家级农产品区域公用品牌、全国知名企业品牌、大宗农产品品牌和特色农产品品牌，保护地理标志农产品。实施产业兴村强县行动，推进一村一品、一县一业发展。强化品牌质量管控，建立农业品牌目录制度，实行动态管理。办好中国国际农产品交易会、中国国际茶叶博览会等展会。开展绿色食品进超市、进社区、进学校活动。建立健全品牌创建激励保护机制，鼓励媒体宣传推介优质品牌。

为贯彻落实2019年中央1号文件精神，根据《国务院办公厅关于深入开展消费扶贫助力打赢脱贫攻坚战的指导意见》（国办发〔2018〕129号）和农业农村部《贫困地区农产品产销对接实施方案》部署要求，农业农村部办公厅印发了《关于做好2019年贫困地区农产品产销对接工作的通知》，要求各地要聚焦贫困地区特别是集中连片贫困地区、"三区三州"等深度贫困地区特色优质农产品，进一步推进产销对接工作，促进农产品出村进城，助力打赢脱贫攻坚战。《通知》鼓励各地农民合作社结合"中国农民丰收节"、农博会、农交会等节庆展会，组织形式多样的贫困地区农产品产销对接活动，引导农业产业化龙头企业、大型农产品批发市场等市场流通主体"走进山村、走进产地"。鼓励并支持"三区三州"等贫困地区的新型经营主体参加中国国际农产品交易会、中国国际茶叶博览会、部省共办农业展会及农业农村部举办的产销对接活动，并在展会、对接活动费用上给予减免。完善贫困地区农产品应急促销工作机制，及时集中采购滞销农产品。

7.2 金融支持政策

作为弱者的联盟，农民合作社是人的联合体而非资本的联合体这一组织特性决定了我国农民合作社发展壮大面临着初始资金不足的重大难题，在现有金融体制下，融资难、融资贵成为农民合作社发展壮大过程中面临的普遍难题。中国农业经济学会对农民专业合作经济组织负责人进行了问卷调查，发现在33 家合作社中，平均每个专业合作经济组织贷款需求规模为 713 万元，其中高的达 3 365 万元，低的只需 20 万元，超过 1 000 万元的占 10 家，1 000 万元以下的多达 23 家，而在 500 万元及以下的高达 20 家。

农民合作社所需信贷资金，主要用于加工厂及设施建设、基地建设、收购资金、技术改造、销售网点建设、运输工具的购买。问卷调查还显示，75％以上的农民专业合作经济组织在加工厂及设施建设、基地建设、收购资金、技术改造、销售网点建设、运输工具的购买 6 个方面都有贷款的需求。其中，加工厂及设施建设、基地建设、收购资金 3 项贷款需求在贷款总需求中总计占83.2％（每项又均在 25％以上），技术改造、销售网点建设、运输工具的购买3 项所需资金在贷款总需求中的比例均低于 50％。

目前，我国农民合作社金融需求面临的主要难题在于：一是融资难，二是金融服务内容较为单一，三是资金成本压力较大。为推动农民合作事业的顺利发展，《农民专业合作社法》第六十六条明确规定："国家政策性金融机构应当采取多种形式，为农民专业合作社提供多渠道的资金支持。具体支持政策由国务院规定。国家鼓励商业性金融机构采取多种形式，为农民专业合作社及其成员提供金融服务。国家鼓励保险机构为农民专业合作社提供多种形式的农业保险服务。鼓励农民专业合作社依法开展互助保险。"近年来，党和国家积极探索金融支持农民专业合作社的路径和具体的政策措施，不断满足农民专业合作社及其成员生产经营发展对金融服务的强烈需求。

2018 年中央 1 号文件——《中共中央 国务院关于实施乡村振兴战略的意见》提出，开拓投融资渠道，强化乡村振兴投入保障。建立健全实施乡村振兴战略财政投入保障制度，公共财政更大力度向"三农"倾斜，确保财政投入与乡村振兴目标任务相适应。优化财政供给结构，推进行业内资金整合与行业间资金统筹相互衔接配合，增加地方自主统筹空间，加快建立涉农资金统筹整合长效机制。充分发挥财政资金的引导作用，撬动金融和社会资本更多投向乡村振兴。切实发挥全国农业信贷担保体系作用，通过财政担保费率补助和以奖代补等，加大对新型农业经营主体支持力度。中共中央、国务院印发《乡村振兴战略规划（2018—2022年）》提出，完善金融支农激励政策，继续通过奖励、补贴、税收优惠等政策工具支持"三农"金融服务。抓紧出台金融服务乡村振兴的指导意见。落实县域金融机构涉农贷款增量奖励政策，完善涉农贴息贷款政策，降低农户和新型农业经营主体的融资成本。健全农村金融风险缓释机制，加快完善"三农"融资担保体系。同时提出，提高农业风险保障能力，完善农业保险政策体系，设计多层次、可选择、不同保障水平的保险产品。积极开发适应新型农业经营主体需求的保险品种，探索开展水稻、小麦、玉米三大主粮作物完全成本保险和收入保险试点，鼓励开展天气指数保险、价格指数保险、贷款保证保险等试点。

2019年，中央农办、农业农村部、发展和改革委员会（以下简称发展改革委）、财政部、水利部、税务总局、市场监管总局、中国银行保险监督管理委员会（以下简称中国银保监会）、林业和草原局、供销合作总社、国务院扶贫开发领导小组办公室11部门联合发布《关于开展农民合作社规范提升行动的若干意见》（中农发〔2019〕18号），要求金融机构结合职能定位和业务范围，对农民合作社提供金融支持。鼓励全国农业信贷担保体系创新开发适合农民合作社的担保产品，加大担保服务力度，着力解决农民合作社融资难、融资贵问题。开展中央财政对地方优势特色农产品保险奖补试点。鼓励各地探索开展产量保险、农产品价格和收入保险等保险责任广、保障水平高的农业保险品种，满足农民合作社多层次、多样化风险保障需求。鼓励各地利用新型农业经营主体信息直报系统，点对点为农民合作社对接信贷、保险等服务。探索构建农民合作社信用评价体系。

7.2.1 健全农业信贷担保体系，简化农民合作社贷款程序

农业农村部、财政部发布《2018年重点强农惠农政策》提出，健全全国农业信贷担保体系，推进省级信贷担保机构向市县延伸，实现实质性运营。重点服务种养大户、家庭农场、农民合作社等新型经营主体，以及农业社会化服务组织和农业小微企业，聚焦粮食生产、畜牧水产养殖、优势特色产业、农村新业态、农村一二三产业融合，以及高标准农田建设、农机装备设

施、绿色生产和农业标准化等关键环节，提供方便快捷、费用低廉的信贷担保服务。支持各地采取担保费补助、业务奖补等方式，加快做大农业信贷担保贷款规模。

中国银保监会表示：国家政策性金融机构和商业性金融机构应当采取多种形式，为农民专业合作社提供多渠道的资金支持和金融服务。积极探索适合农民专业合作社特点的信贷抵押担保制度，如运用动产抵押、保单和仓单质押，以及将土地承包经营权、农民住房、温室大棚等列为抵押物，尽快形成适合农村特点的多种形式的抵押、质押办法。在构建农民专业合作社信用担保体系上，予以政府财政注资支持。同时，要通过"信用农民专业合作社""信用户""信用村"的培育，营造良好的农村信用环境。

第一，要拓展农业发展银行的业务范围，明确政策性金融机构支持农民专业合作社的责任，把对农民专业合作社的支持作为其重要业务之一。

第二，鼓励商业银行为农民专业合作社提供优惠贷款，如提供农民专业合作社生产经营所需贷款，对农民专业合作社扩大经营规模、增加设施投资提供贷款等。

第三，鼓励农村信用合作社选择制度健全、经营业绩好的农民专业合作社试行流动资金贷款的信誉担保制度，扩大信用社对客户的信誉担保范围及贷款额度，建立适合农民专业合作社特点的信贷抵押担保。各农村合作金融机构要从以下四个方面扎实做好农民专业合作社的金融服务工作：

一是加强市场调研，准确掌握当地农民专业合作社的行业分布、发展水平和金融服务需求，增强金融服务的针对性和有效性。

二是加大信贷投放力度，重点加大对产品特色优势明显、组织运行顺畅、经济实力较强、服务功能完备、信用状况良好的农民专业合作社的信贷支持。对遭受自然灾害等不可抗力原因导致贷款拖欠的，可本着商业原则，视其历史信用状况适当延长贷款期限，并适当追加贷款投入，帮助其恢复生产发展。

三是探索完善担保和保险机制。凡法律法规不禁止、产权归属清晰、价值评估合理的各类资产，都可作为贷款的抵（质）押物；支持发展具有担保功能的农民专业合作社，探索建立农户、农民专业合作社、农村企业和保险公司等各有关农村市场利益主体间的利益联结机制和互动合作机制。

四是加强和改进贷款风险管理，始终强调贷款风险防范，完善内部控制和业务运作机制，确保新增贷款的高质量、信贷支持的可持续。

7.2.2 落实各类免息贴息政策，减轻合作社财务压力

政府通过财政政策对农业和农村经济提供贴息、低息等优惠贷款，降低贷款成本，进而降低农业生产经营成本，是工业反哺农业的重要方式，也是国际上通行的做法，而对农民专业合作社及其成员提供贴息、低息等优惠贷款又是提高农业竞争力和促进"三农"问题得到解决的更加有效的途径。

在金融机构向农民专业合作社及其成员提供贷款上，实行基准利率，高于基准利率部分由政府财政贴息解决，以解决农民专业合作社及其成员因贷款利息高而农业效益低所导致的生产经营成本高，进而导致农业竞争力弱、农民还贷能力不强、贷款积极性不高的问题。

在农民专业合作社向成员提供承贷承还或信贷担保服务上，政府需要在财政上向成员提供承贷承还或信贷担保服务的农民专业合作社实行以奖代补的政策，即根据提供承贷承还或信贷担保服务的规模，给予一定奖励，以弥补提供承贷承还和信贷担保服务中所发生的运行成本费用及补贴部分风险金，并适当减免金融机构向农民专业合作社及其成员提供信贷服务的营业税。通过财政资金的引导（如安排财政专项资金对金融机构当年新增农民专业合作社及其成员的贷款给予一定的风险补偿，或从税收中提取一定比例建立涉农贷款的风险补偿金），建立起包括政府财政、政策性金融机构、受信农民专业合作社、担保企业等多方注资的贷款风险准备基金和多方合理分担风险的机制等政策措施，鼓励其通过对农民专业合作社及其成员直接贷款、支持农民专业合作社信贷平台的构建、支持农民专业合作社兴办村镇银行和农村资金互助社等多种方式拓展业务范围，解决农民专业合作社及其成员的信贷需求。

7.2.3 拓宽合作社融资渠道，搭建多样化的融资体系

在农民专业合作社信贷平台的构建上，需要形成政策性金融机构注资入股、合作社注资人入股、企业注资如股、政府财政注资等多渠道的资本金聚集机制。换言之，政府在农民专业合作社信贷平台的构建上，在实行市场化运作的同时，还需要实施政府财政注资、减免税收等政策措施。农民专业合作经济组织指导部门，也要履行职能，协调金融部门，并向金融部门推荐好的项目，解决金融部门与农民专业合作社之间信息不畅或信息不对称的问题。这样既有利于农民专业合作经济组织及其成员获得贷款，又可以避免信息不对称而导致信用市场中的逆向选择和道德风险的发生。

案例 7 - 1：产业链融资模式：东庵生猪合作社^①

（1）基本情况。 资阳市东庵生猪专业合作社成立于 2007 年 9 月 19 日，注册资金 51.15 万元，是一家从事生猪养殖、销售，向成员提供饲料、生猪经营技术、信息咨询服务的农民专业合作社。在过去的几年时间里，该合作社在大起大落的市场环境中不断成长，成为当地带动力较强、口碑较好的农民专业合作社。

（2）发展历程。 随着农民专业合作社的产生、发展和壮大，农民专业合作社成为资阳市农村经济中重要的市场主体，金融机构也开始思考如何适应这一新的变化并抓住其中的机遇。在农业银行"面向'三农'、整体改制、商业运作、择机上市"的改革全面启动过程中，东庵生猪专业合作社成为农业银行 16 个优选支持的专业合作社试点之一。农业银行为农民专业合作社量身定做了"农民专业合作社贷款"产品，制定了《农民专业合作社贷款管理办法（试行)》，启动了农民专业合作社直贷业务。2007 年 11 月，在资阳市农业产业化信用担保有限责任公司担保和股东反担保下，东庵生猪专业合作社获得银行统一授信 300 万元，2007 年 11 月 30 日获得首批贷款 160 万元，并为东庵生猪专业合作社匹配了 POS 机，开通了网络银行。

（3）运行机制。 东庵生猪专业合作社作为农户的融资平台承接信贷资金，其作为中介开展资本运作的机制如图 7 - 2 所示。

第一，成员农户向农民专业合作社出资入股，形成合作社的自有资本金，合作社从金融机构获得信贷资金。第二，农民专业合作社将从金融机构取得的信贷资金，统一以较低的价格在外部市场购买生产资料，资金形态转变为生产资料物质形态。第三，农民专业合作社将生产资料提供给成员农户，双方以"贷物"的形式形成贸易融资关系。成员农户依然是基本的生产单位，主要从事养殖生产作业，经过一定周期的养殖，生产资料转变为一定数量的农产品。第四，农户成员将农产品交售给农民专业合作社。农民专业合作社将收购的农产品在外部市场代理成员农户统一以较高的价格销售，农产品转变为货币收入，资金回流，资本还原为货币形态。第五，专业合作社加入资阳市生猪产业一体化经营试点，按合同约定向试点饲料企业购买饲料，向试点养殖场或合作

---

① 王忠钦. 农户融资的平台：农民专业合作社——对东庵个案的解读 [J]. 金融发展评论，2010（2）：11.

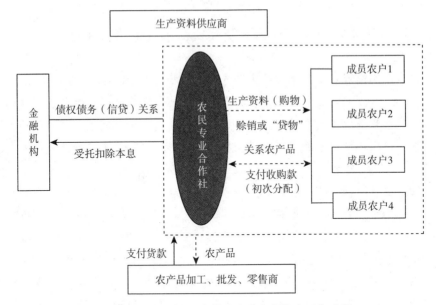

图 7-2　以农民专业合作社为中介的资本运作过程

社购买二杂母猪、仔猪，向试点肉食品加工企业销售育肥生猪。合作社的资金
以票据结算方式定向流向试点企业、养殖场或合作社，实现了物流和资金流的
封闭运行及资金使用的可监测和可追溯。

　　东庵生猪专业合作社产业链融资模式具有很多制度优势，为开拓农民合作
社多样化融资渠道提供了经验启示。该模式以农民专业合作社为载体，通过与
产品市场的互联，开展产业供应链金融是增进信贷融资的有效途径。一方面，
围绕农民专业合作社等核心组织开展信贷业务，对于金融机构而言，有利于降
低金融服务成本；另一方面，把贷款对象在产品市场的交易关系纳入信贷审查
和监测的范围，有利于了解贷款对象的生产经营信息。从最终效果来看，在金
融机构与农村经济组织实现垂直合作的同时，产业链其他节点，比如成员农户，
可以通过与核心组织的交易关系和利益联结机制获得形式多样的间接融资。
　　农民专业合作社的组织特性，使农民专业合作社为其成员提供承贷承还或
信贷担保服务具有非常强的可行性。第一，成员的生产经营是农民专业合作社
生产经营的一个重要层次，农民专业合作社生产经营的发展是建立在成员的生
产经营发展的基础上的，离开了成员生产经营的发展，合作社的发展则无基
础。农民专业合作社帮助成员解决其生产经营发展中的资金短缺问题，进而实
现成员生产经营的发展，农民专业合作社生产经营的发展才有了基础。换言

之，农民专业合作社有向成员提供承贷承还或信贷担保服务的内在需求和动力。第二，农民专业合作社向其成员提供承贷承还或信贷担保服务，是以农民专业合作社内部的信用机制为保障。农民专业合作社是通过合作社原则为内核的制度安排，把其成员联合在同一组织体系之内，在通过合作才能实现发展的机制下，农民专业合作社与成员共谋发展，民主管理，相互监督（也包括成员联保制度），成员之间团结协作、相互帮助，本身就是一个信用关系非常强的组织体系，即农民专业合作社向成员提供承贷承还或信贷担保服务可以降低、避免还贷上的道德风险。第三，农民专业合作社还有公积金制度，这也使自然风险、市场风险、道德风险所导致的还贷问题的解决有一定的经济基础。第四，农民专业合作社与成员之间有生产资料共同购买、技术服务统一提供、产品共同销售、盈余按交易额或交易量二次返还及资金结算关系，即两者之间有组织内部的资金流与物流关系，可以规避成员不还贷的风险。第五，随着农民专业合作社的发展，向成员提供服务的能力增强，提供服务的内容增多，专业合作社对成员的凝聚力也就随之增加，成员对合作社的依赖性也增强，实现更好发展的预期也不断提升，这有助于成员与合作社在贷款上形成更好的信用关系。第六，农民通过与专业合作社的合作而实现发展，也增强了成员还贷的能力。多重因素的共同作用，成为很多专业合作社在实践中大量向成员提供生产资料、良种、饲料等赊销业务的原因。一些农民专业合作社在赊销实践成功的基础上，进一步与金融机构合作，开展向成员提供承贷承还或信贷担保服务。实地调查中发现，一些地区的金融机构选择制度健全、经营业绩好的农民专业合作社开展承贷承还和信贷担保业务，既扩大了金融机构服务农业和农村经济的业务范围，又解决了农民专业合作社成员资金短缺的瓶颈制约，促进了成员生产经营的发展，农民专业合作社发展的基础也更加坚实。

案例7-2：担保融资模式：XN蔬菜专业合作社[①]

(1) 基本情况。 XN蔬菜专业合作社（简称XN合作社）是依照《农民专业合作社法》的有关规定，于2008年4月11日，由LL等发起人设立的，成员出资总额为300万元。该社以服务成员、谋求全体成员的共同利益为宗旨，实行自主经营、自负盈亏、利益共享、风险共担，盈余主要按照成员与本社的

---

① 宋雅楠，陈新达. 内部担保与反担保：破解合作社融资困境的制度安排——基于河北省保定市XN蔬菜专业合作社的案例分析 [J]. 世界农业，2014 (1)：14.

交易额比例返还。该社以成员为主要服务对象，依法为成员提供农业生产资料的购买，农产品的销售、加工、运输、储藏，以及农业生产经营相关的技术、信息等服务。

（2）发展历程。农民专业合作社的发展需要土地、劳动力、资金、技术等几大要素整合在一起，才能顺利开展。通过从农户手中租赁土地、吸引当地农民加入蔬菜种植队伍、聘请有经验的技术员对成员进行技术指导与培训，XN合作社解决了土地、劳动力和技术问题。但资金成了制约其发展的主要因素。由于合作社成员大多数为农民，没有太多的资金积累，但进行大棚蔬菜种植需要大量的建设资金。因此，需要通过外部融资才能使合作社顺利运行。在此情况下，合作社利用"合作社＋农户"的模式，开展内部信用来破解融资困境。

（3）运行机制。XN合作社内部担保的运行机制为：①在合作社成立初期，理事长LL利用自身的社会资本与当地农信社和邮政储蓄进行联系，以私人名义向银行担保，使农户获得前期生产设施建设所需要的资金。LL要保证贷款偿还并负责贷款本金及利息的回收。②理事长LL与借款农户之间签订反担保协议，如果农户不能按时偿还贷款，由合作社代农户偿还，而农户的大棚等生产设施归合作社所有，合作社再将这些大棚出租给那些信誉较好的农户。③合作社采用"六统一分"管理模式：统一规划建设、统一种苗订购、统一技术指导、统一农资购置、统一生产标准、统一销售服务和分户管理。农户生产所需生产资料由合作社统一购置，农户生产的产品由合作社统一销售，合作社统一销售农户的农产品后，扣除贷款本金和利息后，再将剩余款项还给农民。④XN合作社分期扣除贷款本金和利息，保证了农户每期生产都可以见到收益，调动农户生产的积极性。

合作社内部担保融资模式具有如下制度优势：首先，发起人利用其充裕的社会资本充当起了当地金融机构与农户之间的信息桥梁。在银行与农村经济主体之间引入第三方担保，可以一定程度上解决抵押品不足的问题。第三方担保具有抵押品替代的作用，当借款人违约时，银行可以从第三方担保人处获得损失补偿。同时，第三方担保人是银行与借款人之间的信息桥梁，有利于缓解双方之间的信息不对称。其次，"合作社＋农户"的产业链模式以及"六统一分"的管理模式使合作社发起人可以监督农户的生产，对农作物的生产管理具有一定的控制权。在农户不违约的情况下，发起人可以直接掌握产品销售的资金流，贷款本息可以直接从货款中扣除。而且，可根据农户合约的履约情况决定是否与其签订合同，这也可以激励农户偿还贷款。第三，农产品生产设备为抵押品的反担保措施解决了农户抵押品缺乏的难题。大棚等农产品生产设备因缺乏流动性、变现能力差而不能作为抵押品从银行获得贷款。但合作社可以将这些抵押品收回，并转租给其他农户使用。失去农产品生产设备的风险也可激励农户还贷。

7.2.4　农业保险

积极开展政策性农业保险试点，逐步建立健全农业风险保障体系；积极支持农村金融体制改革和发展，完善农村金融信贷政策措施，积极引导资金回流农村。一是建立地方性农业保险组织体系，结合商业保险，实行非营利性的政策性经营；二是引导建立农业互助保险组织，由农民、农村合作经济组织自愿出资形成非营利性合作保险组织，政府给予经济扶持；三是建立农业保险风险补偿基金制度，为分散农业保险的经营风险，还应设立再保险公司，对政策性农业保险、商业性涉农保险，以及互助性保险实行与一般商业保险有区别的再保险。

加快农业保险体系建设，积极探索"保险＋信贷"等农村银行业服务与保险业服务相结合的模式。农业保险、农民专业合作社、金融机构商业信贷开展合作，合作社成员只有上了保险，才能去金融机构借贷；若成员有钱不还贷，保险公司就停止其保险。这样就使得保险公司与金融机构成为一个紧密的利益共同体。因此，对农业提供保险，加强保险和金融机构的合作可以使合作社稳定发展，而农业保险的创新则可以为其提供一定的资金支持。

案例 7-3：北京金奥达蜂产品专业合作社[①]推出"蜂业气象指数保险"服务，提高蜂农的风险抵抗能力

北京奥金达蜂产品专业合作社位于美丽的"燕山明珠"——密云水库北岸的高岭镇，创建于 2004 年 4 月，是密云区最早成立的一批农民专业合作社之一。依托密云优良的生态环境，合作社践行"绿水青山就是金山银山"的理念，不断夯实产业基础、优化产品品质、提升品牌影响力、推进关键技术革新、延伸产业发展的触角，实现了跨越式发展。目前，合作社拥有成员 920户，涉及北京市三个区，并辐射带动河北承德市的丰宁、滦平和承德等县，推动了养蜂产业京冀一体化。合作社拥有标准化养殖基地 140 余个、生态原产地

[①]　农业农村部农村合作经济指导司，农业农村部管理干部学院 . 全国农民合作社典型案例（一）[M]. 北京：中国农业出版社，2019.

保护示范蜂场 83 个、绿色蜂产品基地 16 个、授粉蜂繁育示范蜂场 2 个，年产蜂蜜 2 000 余吨，产值近 5 000 万元。

为降低成员的经营风险，保障低收入户旱涝保收。2014 年，合作社在密云区委、区政府的统一指导下，在全国率先推出"蜂业气象指数保险"。每群蜂保险费为 40 元，其中市级财政补贴 40%、区财政补贴 40%、合作社及低收入户交纳 20%，保障每群蜂 420 元的生产饲养成本。赔付方式为：

（1）保险期内，当连续阴雨天达到 5 天（不含）以上，第六天开始赔付 20 元，以后每增加 1 天加赔 5 元。

（2）保险期内，以密云地区累计降水量 90 毫米为标准，当低于标准降雨量时，分类赔付（标准详见表 7-1）。

（3）在保险期内，若实际累计降水量小于气象指数标准，且出现连续阴天超过 5 天（不含）时，每群保险蜂群的总赔偿金额等于上述赔付标准 1、2 项赔偿金额之和，但每群赔偿金额以保险蜂群的每群保险金额为限（420 元）。

表 7-1 奥金达蜂产品专业合作社蜂业气象指数保险

实际降雨量（毫米）	每群赔偿金额（元）
大于等于毫米 90	0
80（含）～90（不含）	1.05×(90－实际降雨量)
70（含）～80（不含）	10.5+1.05×(80－实际降雨量)
60（含）～70（不含）	21+1.05×(70－实际降雨量)
50（含）～60（不含）	31.5+1.05×(60－实际降雨量)
40（含）～50（不含）	42+8.4×(50－实际降雨量)
30（含）～40（不含）	126+8.4×(40－实际降雨量)
20（含）～30（不含）	210+10.5×(30－实际降雨量)
10（含）～20（不含）	315+10.5×(20－实际降雨量)
小于 10	420

7.3 税收优惠政策[①]

《农民专业合作社法》第六十七条明确规定，农民专业合作社享受国家规定的对农业生产、加工、流通、服务和其他涉农经济活动相应的税收优惠。党中央、国务院一直重视对合作社的税收优惠和税费减免政策支持。2008 年，

---

① 王瑞贺，张红宇，赵铁桥. 中华人民共和国农民专业合作社法释义 [M]. 北京：中国民主法制出版社，2018：113-147.

财政部、国家税务总局下发了《关于农民专业合作社有关税收政策的通知》，给予合作社增值税、印花税优惠政策，对降低合作社运行成本、促进合作社长期持续发展发挥了重要作用。历年中央 1 号文件等有关文件中，对合作社的税费支持政策主要有两个特征：第一，重视对发展农产品加工和流通业务的合作社进行税费优惠支持。2005 年中央 1 号文件首次提出，"对专业合作组织及所办加工、流通实体适当减免有关税费"；2016 年中央 1 号文件进一步明确提出，要"落实和完善相关税收优惠政策，支持合作社发展农产品加工流通"。2017 年，中共中央办公厅、国务院办公厅印发的《关于加快构建政策体系培育新型农业经营主体的意见》明确提出，落实农民专业合作社税收优惠政策。第二，注重将合作社作为单独纳税主体进行税收登记，规范税收登记制度。2009 年中央 1 号文件指出，要"将合作社纳入税务登记系统"；2013 年中央 1 号文件则进一步提出，要"把合作社纳入国民经济统计并作为单独纳税主体列入税务登记"。将合作社纳入税务登记，既是对合作社作为纳税主体的进一步确认，也有利于合作社依法享受相关税费减免政策。

7.3.1　增值税方面

根据 2017 年 11 月 19 日《国务院关于废止〈中华人民共和国营业税算步条例〉和修改〈中华人民共和国增值税暂行条例〉的决定》，一般纳税人的增值税税率为 17％和 11％，小规模纳税人的税率为 3％。同时，根据 2016 年财政部、国家税务总局印发的《关于全面推开营业税改增值税试点的通知》，农产品深加工企业自农业生产者手中购进的免税农产品，允许其按照农产品收购发票或者销售发票上注明的农产品买价和规定的扣除率计算抵扣进项税额。农民专业合作社可以享受以下增值税优惠政策：

（1）根据有关规定，销售本社成员生产的农业产品，视同农业生产者销售自产农业产品，免征增值税。向本社社员销售的农膜、种子、种苗、化肥、农药、农机，免收增值税。增值税一般纳税人从农民专业合作社购进的免税农业产品，可按 11％的扣除率计算抵扣增值税进项税额。

（2）根据增值税暂行条例第二条和 2010 年国家税务总局《关于粕类产品征免增值税问题的通知》的规定，销售饲料可以享受 11％的增值税优惠税率，除豆粕以外的其他粕类饲料产品，均免征增值税。

（3）2011 年，财政部、国家税务总局《关于免征蔬菜流通环节增值税有关问题的通知》规定，对以批发、零售方式销售的蔬菜免征增值税。蔬菜品种参照《蔬菜主要品种目录》。经挑选、清洗、切分、晾晒、包装、脱水、冷藏、冷冻等工序加工的蔬菜，属于免税蔬菜范围。

(4) 2013 年，财政部、国家税务总局《关于暂免征收部分小微企业增值税和营业税的通知》规定，自 2013 年 8 月 1 日起，对增值税小规模纳税人中月销售额不超过 2 万元的企业或非企业性单位，暂免征收增值税。

(5) 根据财政部税务总局《关于延续小微企业增值税政策的通知》（财税〔2017〕76 号）的规定，为支持小微企业发展，自 2018 年 1 月 1 日至 2020 年 12 月 31 日，继续对月销售额 2 万元（含本数）至 3 万元的增值税小规模纳税人，免征增值税。

7.3.2 所得税方面

根据企业所得税法的规定，企业所得税税率为 25%，符合条件的小型微利企业税率为 20%，国家重点支持的高新技术企业税率为 15%，农民专业合作社可享受以下企业所得税税收优惠政策：

(1) 根据有关规定，农民专业合作社参照《企业所得税法》关于一般企业的规定，享受企业所得税减免政策。

(2) 根据《企业所得税法》第二十八条第一款规定，符合条件的小型微利企业，减按 20% 的税率征收企业所得税。

(3) 根据《企业所得税法》实施条例第八十六条的规定，农民专业合作社可享受的企业所得税优惠政策包括：对从事蔬菜、谷物、薯类、油料、豆类、棉花、麻类、糖料、水果、坚果的种植，农作物新品种的选育，中药材的种植，林木的培育和种植，牲畜、家禽的饲养，林产品的采集，灌溉、农产品的初加工、兽医、农技推广、农机作业和维修等农、林、牧、渔服务业项目的，可以免征企业所得税。对从事花卉、茶叶以及其他饮料作物和香料作物的种植，海水养殖、内陆养殖的，减半征收企业所得税。

(4) 2015 年，国家税务总局《关于贯彻落实扩大小型微利企业减半征收企业所得税范围有关问题的公告》规定：符合规定条件的小型微利企业，无论采取查账征收还是核定征收方式，均可享受小型微利企业所得税优惠政策。小型微利企业在季度、月份预缴企业所得税时，可以自行享受小型微利企业所得税优惠政策，无须税务机关审核批准。

(5) 根据财政部、税务总局《关于扩大小型微利企业所得税优惠政策范围的通知》（财税〔2017〕43 号）的规定，自 2017 年 1 月 1 日至 2019 年 12 月 31 日，将小型微利企业的年应纳税所得额上限由 30 万元提高至 50 万元，对年应纳税所得额低于 50 万元（含 50 万元）的小型微利企业，其所得减按

50%计入应纳税所得额，按 20%的税率缴纳企业所得税。

7.3.3 印花税方面

根据《印花税暂行条例》规定，印花税税率实行 0.05‰到 1‰的比例税率和 5 元的定额税率。农民专业合作社可享受以下优惠政策：一是根据 2008 年财政部、国家税务总局《关于农民专业合作社有关税收政策的通知》的规定，与本社成员签订的农业产品和农业生产资料购销合同，免征印花税。二是根据 1988 年国家税务总局《关于对保险公司征收印花税有关问题的通知》的规定，农林作物、牧业畜类保险合同，免征印花税。

7.3.4 耕地占用税方面

根据《耕地占用税暂行条例》规定，实行每平方米 5 元至 50 元的定额税率。一是根据《耕地占用税暂行条例》第十四条的规定，建设直接为农业生产服务的生产设施占用的农用地（林地、牧草地、建设直接为农产服务的生产设施占用的农用地（林地、牧草地、农田水利设施用地、养殖水面以及渔业水域滩涂等)，不征收耕地占用税。二是根据 2007 年财政部、国家税务总局《关于耕地占用税平均税额和纳税义务发生时间问题的通知》，占用林地、牧草地、农田水利用地、养殖水而以及渔业水域等其他农用地的适用税额，可适当低于占用耕地的适用税额。

7.3.5 其他方面的税收优惠

开展农产品深加工的农民专业合作社如果符合相关条件，还可以享受高新技术企业低税率优惠、小型微利企业低税率优惠、固定资产加速折旧优惠、技术转让所得减征免征优惠、区域性优惠等现行企业所得税法规定的各项税收优惠政策。2015 年，国家税务总局印发《关于落实"三证合一"登记制度改革的通知》，明确自 2015 年 10 月 1 日起，新设立农民专业合作社领取由工商行政管理部门核发加载法人和其他组织统一社会信用代码的营业执照后，无须再次进行税务登记，不再领取税务登记证，解决了合作社"证照不一"的问题。在合作社税务登记环节，一些地方印制的纸质版《纳税人首次办税补充信息表》中无农民专业合作社财务会计制度，但在国家统一的电子版税收征管系统中相应栏次已经涵盖了各类财务会计制度（准则），包括《农民专业合作社财务会计制度（试行)》。农民合作社首次办理涉税事宜时，应当主动向税务工作人员提出申请使用合作社财务会计制度。

在申报环节，现行机制是纳税人根据适用的财务会计制度填写纳税申报表，而不是按照纳税申报表要求决定选用何种财务会计制度。如增值税，农民合作社根据其类别（一般纳税人或者小规模纳税人）填报对应申报表，填报方法不受其适用的财务会计制度影响。企业所得税要求纳税人填报其采用的财务会计制度，企业所得税《基础信息表（A0000）》中专门列举了"农民专业合作社财务会计制度（试行）"供纳税人选择。

此外，为进一步方便纳税人申领发票，国家税务总局于 2016 年年底印发了《国家税务总局关于全面推行增值税发票网上申领有关问题的通知》（税总函〔2016〕638 号），纳税信用等级 A 级、B 级纳税人，可自愿选择网上申领方式领用增值税发票，可以足不出户领用发票。

7.4　用地用电政策

《农民专业合作社法》第六十八条规定，农民专业合作社从事农产品初加工用电执行农业生产用电价格，农民专业合作社生产性配套辅助设施用地按农用地管理，具体办法由国务院有关部门规定。为了扶持农民专业合作社的发展，中央和地方对农民合作社用地用电方面都给予了相应的优惠政策。

7.4.1　农民专业合作社从事农产品初加工用电执行农业生产用电价格

为完善合作社从事农产品初加工用电政策，2014 年，农业部会同发展改革委、财政部等部门印发了《关于引导和促进农民合作社规范发展的意见》，明确提出合作社从事种植、养殖的用水用电及本社成员农产品初加工用电执行农业生产相关价格。2016 年，《国务院办公厅关于支持返乡下乡人员创业创新促进农村一二三产业融合发展的意见》中提出，返乡下乡人员发展农业、林木培育和种植、畜牧业、渔业生产、农业排灌用电以及农业服务中的农产品初加工用电，包括对各种农产品进行脱水、凝固、去籽、净化、分类、晒干、剥皮、初烤、沤软或大批包装以供应初级市场的用电，均质性农业生产电价。2017 年，中共中央办公厅、国务院办公厅印发的《关于加快构建政策体系培育新型农业经营主体的意见》进一步要求，新型农业经营主体发展农产品初加工用电执行农业生产电价。

7.4.2　农民专业合作社生产性配套辅助设施用地按农用地管理

为完善合作社生产设施用地和附属设施用地政策，2014 年，国土资源部、农业部印发《关于进一步支持设施农业健康发展的通知》，明确了包括合作社在内的新型农业经营主体配套设施用地的具体范围。2015 年，《国务院办公厅关于推进农村一二三产业融合发展的指导意见》提出，在各省（区、市）年度建设用地指标中单列一定比例，专门用于新型农业经营主体进行农产品加工、仓储物流、产地批发市场等辅助设施建设。2017 年，中共中央办公厅、国务院办公厅印发的《关于加快构建政策体系培育新型农业经营主体的意见》进一步要求，新型农业经营主体所用生产设施、附属设施和配套设施用地，符合国家有关规定的，按农用地管理。返乡下乡人员成立合作社，可以享受国家支持创新创业方面的优惠政策。2016 年，《国务院办公厅关于支持返乡下乡人员创业创新促进农村一二三产业融合发展的意见》中提出，在符合土地利用总体规划的前提下，通过调整存量土地资源，缓解返乡下乡人员创业创新用地难题，也支持返乡下乡人员按照相关用地政策，开展设施农业建设和经营，落实大众创业万众创新、现代农业、农产品加工业、休闲农业和乡村旅游等用地政策。鼓励返乡下乡人员依法以人股、合作、租赁等形式适用农村集体土地发展农业产业，依法使用农村集体建设用地开展创业创新。各省（区、市）可以根据本地实际，制定管理办法。支持返乡下乡人员依托自有和闲置农房院落发展农家乐。在符合农村宅基地管理规定和规划的前提下，允许返乡下乡人员和当地农民合作改建自住房。县级人民民政府可以在年度建设用地指标中单列一定比例专门用于返乡下乡人员建设农业配套辅助设施。城乡建设用地增减挂钩政策腾退出的建设用地指标，以及通过农村闲置宅基地整理新增的耕地和建设用地，重点支持返乡下乡人员创业创新。支持返乡下乡人员与农村集体经济组织共建农业物流仓储等设施。鼓励利用"四荒地"（荒山、荒沟、荒丘、荒滩）和厂矿废弃地、砖瓦窑废弃地、道路改线废弃地、闲置校舍、村庄空闲地等用于返乡下乡人员创业创新。农林牧渔业产品初加工项目在确定土地出让底价时可按不低于所在地土地等别相对应全国工业用地出让最低价标准的 70% 执行。

7.4.3　扶持农民合作社发展的地方用电用地政策

为支持农民专业合作社发展，破解用地用电制约，一些地方出台优惠政策。

2010 年，《浙江省人民政府关于促进农民专业合作社提升发展的意见》规定，要落实农民专业合作社用地、用电和农产品运输优惠政策。对农民专业合作社因生产需要建造简易仓（机）库、生产管理用房、晒场等临时性农业生产配套设施，在不破坏耕作层的前提下，按农民专业合作社生产使用农地面积千分之五规模控制，视作设施农用地，由县（市、区）政府审批，报上一级国土资源管理部门备案。农民专业合作社兴办加工企业等所需要的非农建设用地，在符合土地利用规划、城市规划和农业相关规划的前提下，由土地管理部门优先安排用地计划，及时办理用地手续。供电企业应开辟农民专业合作社用电业务办理绿色通道，对农民专业合作社从事蔬菜、桑、茶、果树、花卉、苗木等种植业用电以及各种畜禽产品养殖、水产养殖用电，执行农业生产用电价格。

2011 年，《福建省人民政府关于扶持农民专业合作社示范社建设的若干意见》提出，农民专业合作社农业生产配套设施占用农用地的，按照设施农用地管理，不需要办理农用地转用手续。供电企业应优先办理农民专业合作社所需变压器安置及用电业务。农民专业合作社从事蔬菜、茶叶、食用菌、果树、花卉、苗木等种植业用电以及各种畜禽产品养殖、水产养殖用电，执行农业生产用电价格。

2011 年，《新疆维吾尔自治区人民政府关于加快农民专业合作社发展的意见》提出，农民专业合作社创办农业科技示范基地、养殖场、发展特色林果业和设施农业等用地，在不改变农用地用途情况下，可依法优先安排，农户按照自愿、有偿的原则，采取租赁、股份合作等土地承包经营权流转方式发展现代农业和规模经济。扶持农民专业合作社自办农产品加工企业，所需建设用地，由各级国土资源部门优先安排农用地转用计划指标，免征城镇土地使用税。农民专业合作社从事种植业、养殖业和农业生产设施排灌用电，执行国家农业用电电价标准。

2013 年，《湖南省人民政府关于加快发展农民合作社的意见》提出，对农民合作社因生产需要建造生产设施和简易仓（机）库、生产管理用房、晒场等附属设施的，由农民合作社提出申请，经乡镇人民政府申报，县市区人民政府审核同意后，给予办理农用地使用手续。

2014 年，《辽宁省人民政府关于推进农村土地承包经营权流转促进土地集约化经营的实施意见》提出，对新型农业经营主体从事农业、林业培育和种植、畜牧业、渔业生产用电，农业灌溉用电，以及农业服务业中农产品初加工用电执行农业生产用电价格（不包括农林牧渔服务业用电和农副食品加工业用电）；在建设用地指标中单列一定比例用于家庭农场、土地股份合作社的粮食加工等配套辅助设施，并适当简化审批手续，减免相关费用。

7.5 人才支撑政策

习近平总书记在党的十九大报告中指出，实施乡村振兴战略，加强农村基层基础工作，健全乡村治理体系，必须培养造就一支懂农业、爱农村、爱农民的"三农"工作队伍。"一懂两爱""三农"工作队伍是实施乡村振兴战略的重要支撑，这个队伍既包含着广大各级"三农"干部，又包含着乡村振兴所需要的各类人才，但与乡村振兴的需要相比，当前"三农"工作队伍建设还存在统筹协调不够、素质能力不高、内生动力不强等问题，还需进一步加强和改进。

7.5.1　中央层面的人才支撑政策

为加强农民合作社发展的人才支撑，推动农民合作社高质量发展，农业农村部、财政部发布《2018 年重点强农惠农政策》，提出将新型农业经营主体带头人、现代青年农场主、农业职业经理人、农业社会化服务骨干和农业产业扶贫对象作为重点培育对象，以提升生产技能和经营管理水平为主要内容，培训新型高素质农民 100 万人次。鼓励通过政府购买服务的方式，支持有能力的农民合作社、专业技术协会、农业龙头企业等主体承担培训工作。

2019 年，中央农办、农业农村部等 11 个部门和单位联合印发了《关于开展农民合作社规范提升行动的若干意见》，《意见》要求强化人才支撑，分级建立农民合作社带头人人才库，分期分批开展农民合作社骨干培训。依托贫困村创业致富带头人培训，加大对农民合作社骨干的培育。鼓励有条件的农民合作社聘请职业经理人。鼓励支持普通高校设置农民合作社相关课程、农业职业院校设立相关农民合作社专业或设置专门课程。

7.5.2　地方层面的人才支撑政策

吉林省 2017 年起开展农机专业大学生"进社帮创"实践活动。活动由吉林省农业机械化管理中心与吉林农业大学工程技术学院联合发起，通过实行"专业教师＋研究生＋本科生"3 人服务 1 个农机合作社的"3＋1"帮创模式，充分发挥农机专业大学生在吉林省现代农业发展中的知识技能优势，以加快农机合作社规范化发展，促进农机合作社信息化技术的快速普及应用。

天津制定了《天津市新型农业经营主体管理人员专题培训实施方案》，组织开展对各级农民合作社辅导员和理事长、财会人员的专题培训 9 期，培训约 1 000 人次。

浙江省农业厅联合省财政厅、省人力资源和社会保障厅发布《关于做好2017 年大学毕业生从事现代农业省级财政补助工作的通知》（浙农经发〔2017〕6 号），继续落实大学生就业扶持政策。结合省委、省政府办公厅印发

《关于进一步引导和鼓励高校毕业生到基层工作的实施意见》（浙委办发〔2017〕46号）文件中对大学生从事现代农业或在现代农业领域创业提出的新补助标准，及时研究制定政策衔接的具体方案。

2018年11月，浙江省农业农村厅下发《关于公布浙江省农民田间学校和农业教育实训基地名单的通知》，将30多家合作社作为田间学校和实训基地。浙江省农业厅办公室下发关于做好2018年省级高层次高素质农民知识更新培训工作的通知，将农民专业合作社带头人作为培训对象之一，强调要大力培育新型农业经营主体。

第8章 对农民专业合作社的法律保护

依照《农民专业合作社法》的规定，制定《农民专业合作社法》的重要目的之一就是"保护农民专业合作社及其成员的合法权益"。制定和执行《农民专业合作社法》的一项重要原则就是"国家保障农民专业合作社享有与其他市场主体平等的法律地位。国家保护农民专业合作社及其成员的合法权益，任何单位和个人不得侵犯"。任何部门、组织或个人侵犯农民专业合作社的合法权利，可视其情节，承担法律责任。

8.1 保护农民专业合作社的合法地位

8.1.1 健全农民专业合作社的法律法规制度

《农民专业合作社法》明确了农民专业合作社的市场主体地位，对国家鼓励和支持农民专业合作社发展的政策和方式做出了规定。从立法的角度讲，有三点内容：第一，明确了农民专业合作社的市场主体地位，完善了我国关于市场主体法律制度，使《农民专业合作社法》成为继《公司法》《合伙企业法》《个人独资企业法》之后，又一部维护市场主体的法律，有利于农民依法设立合作社，也有利于形成生产经营规模，保护农民利益；第二，把合作社的运作纳入法制轨道，有利于规范合作社的运行，有利于提高农民的素质、提高组织化程度、推动农业的产业化经营、增加农民专业合作社及其成员抵御风险和参与市场竞争的能力、保护他们的合法权益；第三，设立农民专业合作社，给合作社的自治留下了足够的空间，有利于合作社在规范中发展，在发展中创新，永远保持它的生机与活力。

但这部法律的有关规定是原则性的，要推动农民专业合作社的发展，还需要进一步完善有关法律法规。一是要完善登记办法。要简化登记手续。在登记过程中，相关部门要积极配合，既要确保在工商部门进行登记的规范性，又要充分发挥其他部门的作用，使得符合合作社要求的经济组织顺利通过登记，并防止不符合要求的组织作为合作社进行登记。严禁收取各种不符合要求的费用，为农民专业合作社的登记开通"绿色通道"。二是鼓励地方制定实施细则，因地制宜地推动农民专业合作社的发展。

8.1.2 造成农民专业合作社经济损失的违法行为应承担的法律责任

所谓法律责任，是指当事人因违反了法律规定的义务所应承担的法律后果。其主要特征是：一是由于违反了法律的强制性规范，不履行法定义务而应当承担的后果；二是法律责任具有强制性；三是法律责任是由法律明文规定的。

《农民专业合作社法》主要规定了下述行为应承担的法律责任：一是侵占、挪用、截留、私分或者以其他方式侵犯农民专业合作社及其成员的合法财产，非法干预农民专业合作社及其成员的生产经营活动，向农民专业合作社及其成员摊派，强迫农民专业合作社及其成员接受有偿服务，造成农民专业合作社经济损失的行为；二是农民专业合作社向登记机关提供虚假登记材料或者采取其他欺诈手段取得登记的行为；三是农民专业合作社连续两年未从事经营活动的行为；四是农民专业合作社在依法向有关主管部门提供的财务报告等材料中，作虚假记载或者隐瞒重要事实的行为。

造成农民专业合作社经济损失的违法行为应承担的法律责任：

(1) 民事责任。民事责任方式是由民事法律规定的承担民事责任的具体形式。它表现为国家对民事责任行为人采取的制裁措施和对被侵害的权利人采取的以补偿与救济财产权利损害为目的，强制责任人承担财产上不利后果为内容的责任形式。按照规定，行为人承担赔偿责任的条件是：一是行为人有故意行为，本条规定的违法行为均是故意行为；二是已经给农民专业合作社造成经济损失；三是给农民专业合作社造成经济损失是由于行为人的故意行为所引起的，即造成的经济损失与行为人的故意有直接的因果关系。

(2) 行政责任。如果法律、行政法规等规定中，有规定对侵占、挪用、截留、私分或者以其他方式侵犯农民专业合作社及其成员的合法财产，非法干预农民专业合作社及其成员的生产经营活动，向农民专业合作社及其成员摊派，强迫农民专业合作社及其成员接受有偿服务，造成农民专业合作社经济损失的行为人，追究行政责任的，应依照有关法律、行政法规等的规定追究行政责任。例如，按照2003年8月27日第十届全国人民代表大会常务委员会第四次会议通过，自2004年7月1日起施行的《行政许可法》的规定，行政机关实施行政许可，不得向申请人提出购买指定商品、接受有偿服务等不正当要求。行政机关工作人员办理行政许可，不予索取或者收受申请人的财物，不得谋取其他利益。行政机关工作人员违反行政许可、实施监督检查，索取或者收受他人财物或者谋取其他利益，构成犯罪的，依法追究刑事责任；不构成犯罪的，依法给予行政处分。行政机关违法实施行政许可，给当事人的合法权益造成损害的，应当依照国家赔偿法的规定给予赔偿。

(3) 刑事责任。 如果违法行为构成犯罪的，要依据刑事诉讼法及刑法的有关规定追究有关行为人的刑事责任。比如，《刑法》规定，以暴力、威胁手段强迫他人接受服务，情节严重的，处三年以下有期徒刑或者拘役，并处或者单处罚金。公司、企业或者其他单位的人员，利用职务上的便利，将本单位财物非法占为己有，数额较大的，处五年以下有期徒刑或者拘役。公司、企业或者其他单位的人员，利用职务上的便利，挪用本单位资金归个人使用或者借贷给他人，数额较大、超过三个月未还的，或者虽未超过三个月，但数额较大、进行营利活动的，或者进行非法活动的，处三年以下有期徒刑或者拘役；挪用本单位资金数额巨大的，或者数额较大不退还的，处三年以上十年以下有期徒刑。

8.2　保护农民专业合作社的合法财产

侵犯农民专业合作社及其成员的财产权，即侵占、挪用、截留、私分或者以其他方式侵犯农民专业合作社及其成员的合法财产，造成农民专业合作社经济损失的违法行为。

8.2.1　什么是侵占农民专业合作社或其成员财产

侵占农民专业合作社财产和侵占农民专业合作社成员财产是两种性质不同的违法行为。

侵占农民专业合作社财产，是本社的有关管理或从业人员及其他当事人，以及农民专业合作社以外的有关人员通过各种不正当手段，侵犯占有农民专业合作社合法财产的行为。农民专业合作社财产，是成员通过出资、经营以及其他合法途径积累起来的财产，是农民专业合作社正常开展业务，更好地为成员提供服务的财产基础，也是全体成员共同利益的体现。侵占农民专业合作社财产，一是损害农民专业合作社权益；二是影响农民专业合作社对成员提供的服务；三是破坏农民专业合作社的经营与发展，是一种严重的违法行为。对于这种行为必须严格予以制止并依法追究责任。

侵占农民专业合作社成员的财产，是指农民专业合作社的有关管理或从业人员通过各种不正当的手段，侵吞占有成员与本社相联系的合法财产的行为，是一种严重损害成员合法权益的行为。成员与本社相关的财产，主要是指成员账户中记载的出资或对应的公积金份额；成员与本社交易应支付的价款或货物等。侵占成员的财产是对上述财产通过有关的方式予以更改减少，或者在与成员交易中故意压低价格，或者在对成员进行盈余返还以及收益分配中克扣应付部分的行为。对这种财产的侵占，损害成员的利益，影响他们加入农民专业合作社的积极性，破坏党和国家发展农民专业合作社的政策。对于这种行为必须严格予以制止并依法追究责任。

8.2.2　什么是挪用农民专业合作社或其成员财产

挪用农民专业合作社的财产，是指本社有关管理或从业人员利用职务之便，通过各种不正当手段，将农民专业合作社用以经营的财产挪用自己个人或亲友等的某种用途，事后又予以归还的行为。挪用财产与侵占财产区别在于挪用行为在使用后再予以归还；而侵占行为，当事人则就此占有，不予归还。

挪用农民专业合作社财产，一是损害农民专业合作社权益；二是影响农民专业合作社的经营与对成员提供的服务；三是破坏农民专业合作社的发展。

挪用成员的财产，是指有关管理或从业人员通过各种不正当手段，挪用应当支付于成员的合法财产的行为。这里的挪用财产对象，主要是指农民专业合作社与其成员进行交易时应向其支付的价款，或账户中记载的出资或对应的公积金份额等。对这种财产的挪用，损害成员的利益，影响他们入社的积极性，破坏党和国家发展农民专业合作社的政策。

挪用农民专业合作社或其成员的财产是两种行为相同、性质有所区别的违法行为，既损害权利人的合法权益，又扰乱农民专业合作社经营秩序，影响了国家对于农民专业合作社政策的实施。对上述违法行为，一是要追回挪用的财产；二是对于因此取得的收入应分别归于农民专业合作社或其成员；三是由此造成损失的应予以赔偿。

8.2.3　什么是截留农民专业合作社或其成员财产

截留农民专业合作社或其成员的财产，是两种性质相同但侵犯主体不同的违法行为。

截留农民专业合作社财产，是指本社的有关管理或从业人员利用职务之便，通过各种不正当手段，将经本人之手应收归本社的财产予以截存或者予以挪用或者予以占有的行为。行为人截留的财产往往是本社通过委托加工或者订立合同等方式，由合同对方或财产占有者向本社履行合同、偿还债务、归还财产等向本社交付的财产。对这种财产的截留，一是损害本社的权益；二是影响本社的经营与对成员提供的服务；三是影响本社与其他农民专业合作社之间的业务关系；四是破坏本社的发展。

截留农民专业合作社成员的财产，是指本社的有关管理或从业人员通过各种不正当手段，将经本人之手应归还或者支付于本社某位成员的财产予以截存或者予以挪用或者予以占有等行为。成员的财产是该成员对本社的出资，或者参加本社与本社进行交易等而应取得的合法财产。对这种财产的截留，使该成员得不到应有的利益，容易引起成员对本社产生误解，影响他们加入农民专业合作社的积极性，破坏党和国家发展农民专业合作社的政策。

对于截留农民专业合作社或者其成员合法财产的行为，应依法追究法律责任。

8.2.4　什么是私分农民专业合作社或其成员财产

私分农民专业合作社或其成员的财产是严重损害该社或其成员合法权益的行为。

私分农民专业合作社财产，是指本社的有关管理或从业人员利用职务之便，通过各种不正当手段，将本社的某种财产予以隐匿转移，然后再进行小范围，如几个高管人员或者某个部门几个人员间私自分配的行为。农民专业合作社的财产是成员通过出资、经营以及其他合法途径积累起来的，是正常开展业务、更好地为成员服务的财产基础，也是全体成员利益的体现。对这种财产的私分减少了财产或利益总额，影响经营与对成员提供的服务或者对成员的分配，破坏了农民专业合作社的经营发展。

私分农民专业合作社成员的财产，是指本社的有关管理或从业人员通过各种不正当手段，将本社应返还或者分配予某个成员的财产以及其他财产予以隐匿，进行小范围私自分配的行为。成员的财产应是该成员对本社出资或者参与本社进行交易等而应取得的合法财产。对这种财产的截留、私分，使成员得不到应有的利益，容易引起他们对农民专业合作社的误解，影响他们加入农民专业合作社的积极性。

私分农民专业合作社或其成员的财产，损害了农民专业合作社或其成员的利益，破坏了党和国家发展农民专业合作社的政策，是一种严重的违法行为。对于这种行为必须严格予以制止并依法追究责任。对于私分的财产应予追回，由此造成农民专业合作社或其成员损失的，应责令有关当事人予以赔偿。

8.2.5　以其他方式侵犯农民专业合作社或其成员财产包括哪些情形

以其他方式侵犯农民专业合作社或其成员财产，是指本社的有关管理或从业人员利用职务之便，通过各种不正当手段从事的除侵占、挪用、截留、私分本社及其成员财产以外的，侵犯本社或其成员财产的行为。

农民专业合作社财产是成员通过出资、经营以及其他合法途径积累起来的财产，是农民专业合作社正常开展业务、更好地为成员服务的财产基础，也是全体成员利益的体现。无论以何种方式侵犯农民专业合作社财产都会损害农民专业合作社的权益，影响农民专业合作社的经营与对成员提供的服务，从而破坏农民专业合作社的经营和发展。

农民专业合作社成员的财产是该成员对本社的出资，或者参加本社与本社进行交易等而取得的合法财产，是成员依法应获得的合法权益，或者是依法或依章程应得的服务利益。

以其他方式侵犯农民专业合作社或其成员的利益可能有多种表现形式，如对本社或某成员有意见，或者为泄私愤而毁损或低价处理本社的财产或该成员的某种财产；为某种个人目的藏匿这种财产；有关管理人员因严重不负责任，导致生产事故，造成本社或其成员财产损失；在经营中因过错导致某种交易失误而造成本社或其成员的损失等。无论以何种方式，对农民专业合作社或其成员的财产的侵犯都损害了他们的利益，破坏了党和国家发展农民专业合作社的政策，都属于严重违法行为。对于这类行为必须严格予以制止并依法追究法律责任。

8.3 保护农民专业合作社成员的正常经营活动

8.3.1 什么是非法干预农民专业合作社及其成员的生产经营活动

农民专业合作社坚持民主管理。农民专业合作社是依法成立的独立民事主体，具有独立民事行为能力和民事责任能力，任何组织和个人不得以任何名义侵犯农民专业合作社的经营自主权。农民专业合作社作为独立的市场主体，不隶属于任何部门，实行自主经营、自负盈亏、自担风险，享有自主经营权。作为独立的市场经济主体，农民专业合作社有健全的组织机构和严密的运行制度，按照章程开展各项活动。农民专业合作社的成员大会是合作社的权力机构，合作社的成员可以依照法律和章程的规定，参与对合作社的控制、决策和管理。合作社的理事会、监事会由成员大会选举产生，向成员大会负责并报告工作。每个成员都享有一人一票的基本表决权，合作社的重大事务都要按照少数服从多数的原则进行表决，确保成员参与决策的民主权利。农民专业合作社的人、财、物将根据农民专业合作社自己的意志进行管理和处分，任何部门、组织和个人不得非法干涉。农民专业合作社成员也是独立的生产经营主体，任何部门、组织和个人不得非法干涉。

8.3.2　什么是向农民专业合作社及其成员进行摊派

向农民专业合作社或其成员的摊派，是指有关政府机构或者承担某种公共管理职责的机构或人员违反法律、行政法规规定向农民专业合作社或其成员摊派财物的行为。这种行为具体表现为有关主体违背农民专业合作社或其成员意愿，利用其自身的某种地位或权力，强行或半强行地要求农民专业合作社或其成员无偿或者低价向其提供人力、财力、物力，包括某种强制性的赞助。摊派是改革开放过程中由于实行财政包干体制允许一些单位"创收"，而逐渐产生出来的一种对企业或个人经营者摊派财务的违法行为。从它一产生即受到有关法规和政府的禁止，国家为此还专门制定了行政法规，并在一些立法中对此做出禁止性规定。经过多年的治理，这种现象得到了很大改善，但尚未根本杜绝。在农民专业合作社产生后，这种现象也逐渐影响到农民专业合作社的经营。

向农民专业合作社或其成员进行摊派，损害农民专业合作社的利益，影响政府及其公职机构与人员的形象，为法律明令禁止。依据《农民专业合作社法》第六十九条关于"向农民专业合作社及其成员摊派，强迫农民专业合作社及其成员接受有偿服务，造成农民专业合作社经济损失的，依法追究法律责任"的规定，应责令摊派单位退回摊派的物品，由此造成农民专业合作社或其成员损失的，应承担赔偿责任。

8.3.3　什么是强迫农民专业合作社接受有偿服务

强迫农民专业合作社接受有偿服务，是指有关政府机构或者与此类机构有某种联系的单位或个人以及承担某种公共管理职责的机构或个人，以及具有某种优势地位的单位以其地位强迫农民专业合作社接受某种有偿服务的行为。

任何主体以其适应需要的咨询服务或者产品，与农民专业合作社或成员进行自愿交易都是法律所允许的。同样，任何违背农民专业合作社或其成员意愿，强迫农民专业合作社接受有偿服务的行为都是违法的。这种行为貌似公平，暗中利用了自己的某种优势或行政地位，提供的服务实际并不为接受者所需要，或者在交换价位上并不同等。这种行为，一是违背了农民专业合作社或其成员的意愿；二是这种行为的本质不在于服务，而在于有偿，即从农民专业合作社接受报酬，对这种行为法律予以严厉禁止。

《农民专业合作社法》第十一条规定："县级以上人民政府农业主管部门、其他有关部门和组织应当依据各自职责，对农民专业合作社的建设和发展给予指导、扶持和服务。"对于以指导和服务为名，强迫农民专业合作社接受有偿服务的，农民专业合作社可以不接受并向有关部门举报。对这些行为要依法追究有关机构及其个人的法律责任，包括给予行政处分、追究民事责任，构成犯罪的应依法追究刑事责任。

8.3.4 如何处理提供虚假登记材料以及其他手段取得农民专业合作社登记的行为

提供虚假登记材料获取农民专业合作社登记，是指有关人员在农民专业合作社的设立登记中向登记机关提供虚假的申请材料，如提供虚假的出资证明或者其他财产证明、场地使用证明、业务经营证明等，以达到骗取登记目的的行为。

为了支持农民专业合作社的设立与经营，《农民专业合作社法》并不特别要求农民专业合作社必须注册多高的资金，也没有提出太高的条件要求，只是规定了一些最基本的注册条件。由于一定的注册资本是经营组织经营实力和承担责任能力的象征，所以在实践中，仍会有人出于某种目的而进行虚假注册。

采取其他欺诈手段取得登记，是指提供虚假的申请材料以外的其他欺诈手段，如将有关资金打入账户，待获得登记后即将资金抽出；采取贿赂手段使某种具有不真实内容的农民专业合作社设立申请得以通过；使不具备条件的农民专业合作社得以取得登记；以及通过关系利用人情强迫某个经办人员，将不符合条件的农民专业合作社予以登记的情形。

农民专业合作社是全体成员出资设立的为其生产经营提供服务的合作组织，对于符合条件的设立申请，国家予以支持，要求登记机关尽快给予登记注册；但对于不符合条件的，包括入社成员不符合规定的申请，也不能简单予以登记。《农民专业合作社法》第七十条规定："农民专业合作社向登记机关提供虚假登记材料或者采取其他欺诈手段取得登记的，由登记机关责令改正，可以处五千元以下罚款；情节严重的，撤销登记或者吊销营业执照。"根据这一规定，对于上述行为应采取以下两种方式进行处理：一是情节严重的要撤销登记或者吊销营业执照，即对于没有成立农民专业合作社的意思，或者不是农民专业合作社，但以虚构事实、提供虚假材料等骗取农民专业合作社营业登记，以此享受获取国家有关扶持政策的，基于其主观恶意以及客观上带来的恶果，由登记机关对于已登记的农民专业合作社给予撤销登记或者吊销营业执照的处理；二是由登记机关责令改正，可以处五千元以下罚款，即有成立农民专业合作社的真实意思，但是在申请市场监督管理部门登记过程中，提供虚假登记材料或者采取其他欺诈手段取得登记行为而情节比较轻微的，由登记机关责令申请人对相关的材料进行修改、补正，可以处五千元以下罚款；条件不足的进行相关的准备或充实等，使之符合登记的要求而对其进行登记。

8.3.5　如何处理提供财务报告中的违法行为

农民专业合作社应编制资产负债表、盈余及盈余分配表、成员权益变动表、科目余额表和收支明细表、财务状况说明书等。农民专业合作社应按登记机关规定的时限和要求，及时报送资产负债表、盈余及盈余分配表和成员权益变动表。提供财务报告，是指农民专业合作社的有关机构或人员依据法律规定向有关业务主管机关，如财政机关、税务机关等上报财务报告文件的行为。农民专业合作社作为一种经营主体，要依法开展经营活动，具有相关的经营收益，依法属于有收益的组织，为法定的纳税主体。法律规定，这样的组织有依法编制财务报告、进行会计核算、向成员大会做出财务报告并依法向有关机关上报财务报告的责任。这种向成员大会和有关机关提交的财务报告，必须如实反映农民专业合作社经营的全部财务情况，不得在报告中作虚假记载。

提供财务报告中的违法行为主要包括以下两种情形：①在财务报告中作虚假记载。在财务报告中作虚假记载，是指向成员大会和有关主管机关报送的财务报告中作虚假记载，如虚报支出、瞒报盈利、编制虚假的经营活动、偷漏税收等。财务报告是农民专业合作社一定期间财务会计核算的综合反映，只有如实记载财务会计核算情况，才能使成员大会和有关机关准确了解其经营与财务情况。在财务报告中作虚假记载，不仅影响成员大会和有关主管部门对情况的了解，而且会给这方面的违法犯罪留下可乘之机。②在财务报告中隐瞒重要事实。在财务报告中隐瞒重要事实，是指向成员大会和有关主管机关报送的财务报告中隐瞒重要事实，而以不真实的情况做出报告的行为。如在从事的股权投资中，对于某次重要投资的买进卖出事实予以隐瞒；对于经营中的某种重要决策失误所造成的损失隐瞒不报等，它将导致成员大会或者有关主管部门对经营财务情况的误认。

对于在财务报告中作虚假记载或隐瞒重要事实等违法行为，《农民专业合作社法》第七十二条规定："农民专业合作社在依法向有关主管部门提供的财务报告等材料中，作虚假记载或者隐瞒重要事实的，依法追究法律责任。"这里所讲的法律责任包括了民事责任、行政责任和刑事责任。如何承担法律责任，并没有做出具体的规定，应根据有关法律、行政法规等的规定进行确定。比如，根据《会计法》的规定，伪造、变造会计凭证、会计账簿，编制虚假财务会计报告，构成犯罪的，依法追究刑事责任；上述行为，尚不构成犯罪的，由县级以上人民政府财政部门予以通报，可以对单位并处五千元以上十万元以下的罚款；对其直接负责的主管人员和其他直接责任人员，可以处三千元以上五万元以下的罚款。授意、指使、强令会计机构、会计人员及其他人员伪造、变造会计凭证、会计账簿，编制虚假财务会计报告或者隐匿、故意销毁依法应当保存的会计凭证、会计账簿、财务会计报告，构成犯罪的，依法追究刑事责任；尚不构成犯罪的，可以处五千元以上五万元以下的罚款。

第9章　农民专业合作社联合社

9.1　联合社的定义

9.1.1　联合社的定义

新修订的《农民专业合作社法》，专门增加了"农民专业合作社联合社"一章，使得农民合作社联合社的相关内容成为法律修订最主要的部分之一。按照《农民专业合作社法》第七章第五十六条和第五十七条规定，三个以上的农民专业合作社在自愿的基础上，可以出资设立农民专业合作社联合社。农民专业合作社联合社应当有自己的名称、组织机构和住所，由联合社全体成员制定并承认的章程，以及符合章程规定的成员出资。农民专业合作社联合会依照《农民专业合作社法》登记，取得法人资格，领取营业执照，登记类型为农民专业合作社联合社。该定义明确农民专业合作社联合社具有法人资格，是独立的市场主体，依法开展生产经营活动，并受到法律保护。

农民专业合作社联合社在成员构成上以农民专业合作社为主体，而且这些成员社应与联合社有着实际的交易关系。农民专业合作社联合社以服务成员社、谋求全体成员的共同利益为宗旨。成员入社自愿，退社自由，地位平等，民主管理，实行自主经营，自负盈亏，利益共享，风险共担，可分配盈余主要按照成员社与本社的交易量（额）比例返还。

农民专业合作社联合社成立的目的是扩大生产经营和服务规模，发展产业化经营，提高市场竞争力，不影响成员社依法享有的独立的经营权。农民专业合作社联合社以成员社为主要服务对象，依法开展以下业务：（一）农业生产资料的购买、使用；（二）农产品生产、销售、加工、运输、贮藏及其他相关服务；（三）农村民间工艺及制品、休闲农业和乡村旅游资源的开发经营；（四）与农业生产经营有关的技术、信息、设施建设运营等服务；（五）其他与市场监督管理部门颁发的农民专业合作社联合社法人营业执照规定的业务范围。

9.1.2　联合社的类型

按照经营特点，农民专业联合社大致分为以下四种类型：一是生产型联合社，即基于某一种农产品生产，通过农民专业合作社的联合，以降低生产成本、提高经济效益为目的的合作社联盟。二是销售型联合体，即合作社围绕农产品销售，通过联合专业合作社来丰富产品、稳定供给、增加利润的销售联盟。三是产业链型联合社，即涵盖了生产、加工和销售等各个环节，也是一体化联合体。这种联合体围绕优势产业，将上下游各个环节的合作社和农资供给、农产品加工流通等企业整合起来。四是综合型联合体，即各种类型的合作社的联合组织形式，在规则制定、利益协调、信息交流、行业自律等功能方面发挥重要作用。

9.2 联合社的登记与基本制度

9.2.1 联合社的登记

一是设立条件。按照《农民专业合作社法》第七章第五十六条和第五十七条，设立农民专业合作社联合社，应当具备下列条件：（一）有三个以上的农民专业合作社；（二）有自己的名称；（三）有符合《农民专业合作社法》规定的组织机构；（四）有符合法律、行政法规规定的名称和章程确定的住所；（五）有由联合社全体成员制定并承认的章程；（六）有符合章程规定的成员出资。

二是成员出资。按照《农民专业合作社法》第二章第十三条，农民专业合作社联合社成员可以用货币出资，也可以用实物、知识产权、土地经营权、林权等可以用货币估价并可以依法转让的非货币财产，以及章程规定的其他方式作价出资；但是，法律、行政法规规定不得作为出资的财产除外。农民专业合作社联合社成员不得以对该社或者其他成员的债权，充抵出资；不得以缴纳的出资，抵销对该社或者其他成员的债务。

三是设立大会。按照《农民专业合作社法》第二章第十四条，设立农民专业合作社联合社，应当召开由全体设立人参加的设立大会。设立时自愿成为该社成员的人为设立人。设立大会行使下列职权：（一）通过本社章程，章程应当由全体设立人一致通过；（二）选举产生理事长、理事、执行监事或者监事会成员；（三）审议其他重大事项。

四是联合社章程。按照《农民专业合作社法》第二章第十五条，农民专业合作社联合社章程应当载明下列事项：（一）名称和住所；（二）业务范围；（三）成员资格及入社、退社和除名；（四）成员的权利和义务；（五）组织机构及其产生办法、职权、任期、议事规则；（六）成员的出资方式、出资额，成员出资的转让、继承、担保；（七）财务管理和盈余分配、亏损处理；（八）章程修改程序；（九）解散事由和清算办法；（十）公告事项及发布方式；（十一）附加表决权的设立、行使方式和行使范围；（十二）需要载明的其他事项。

五是设立登记。农民专业合作社联合社依照《农民专业合作社法》登记，取得法人资格，领取营业执照，登记类型为农民专业合作社联合社。设立农民专业合作社联合社，应当向工商行政管理部门提交下列文件，申请设立登记：（一）登记申请书；（二）全体设立人签名、盖章的设立大会纪要；（三）全体设立人签名、盖章的章程；（四）法定代表人、理事的任职文件及身份证明；（五）出资成员签名、盖章的出资清单；（六）住所使用证明；（七）法律、行政法规规定的其他文件。

登记机关应当自受理登记申请之日起 20 日内办理完毕，向符合登记条件的申请者颁发营业执照，登记类型为农民专业合作社联合社。

农民专业合作社法定登记事项变更的，应当申请变更登记。

登记机关应当将农民专业合作社联合社的登记信息通报同级农业等有关部门。

农民专业合作社联合社登记办法由国务院规定。办理登记不得收取费用。

六是年度报告。农民专业合作社联合社应当按照国家有关规定，向登记机关报送年度报告，并向社会公示。农民专业合作社联合社可以依法向公司等企业投资，以其出资额为限对所投资企业承担责任。

9.2.2 联合社的基本制度

具体说来，农民专业合作社联合社的基本制度主要有成员资格、决策制度、分配制度三方面内容。

一是成员资格。农民专业合作社联合社在本质上是农民为了提高自己的社会地位、增加市场竞争力而组建的一种互助性合作经济组织，它以服务成员社、谋求全体成员社的共同利益为宗旨。所以在成员构成上要以农民专业合作社为主体，而且这些成员社要与联合社有着实际的交易关系。成员入社自愿，退社自由，地位平等，民主管理，实行自主经营，自负盈亏，利益共享，风险共担，可分配盈余主要按照成员社与本社的交易量（额）比例返还。依照《农民专业合作社法》登记、取得农民专业合作社法人资格，从事业务范围内的主业农副产品生产经营，能够利用并接受本社提供的服务，承认并遵守本章程、履行本章程规定的入社手续的农民专业合作社，可申请成为本社成员。农民专业合作社联合社章程可自主确定入社成员的生产经营规模或经营服务能力等其他条件。凡符合上述规定，向本社理事长或者理事会提交书面入社申请、经成员大会表决通过后，即成为联合社成员。联合社向成员社颁发成员证书，并载明成员社的出资额。成员证书同时加盖本社财务印章和理事长印鉴。

联合社成员社享有下列权利：（一）参加成员大会，并享有表决权、选举权和被选举权，按照本章程规定对本社实行民主管理；（二）利用本社提供的服务和生产经营设施；（三）按照本章程规定分享盈余；（四）查阅本社的章程、成员名册、成员大会记录、理事会会议决议、监事会会议决议、财务会计报告、会计账簿和财务审计报告；（五）对本社理事长、理事、监事长、监事的工作提出质询、批评和建议；（六）提议召开临时成员大会；（七）提出书面退社声明，依照本章程规定程序退出本社；（八）向本社其他成员社转让全部或部分出资；（九）成员大会对拟除名成员表决前，拟被除名成员有陈述意见的机会；（十）成员社共同议决的其他权利。

联合社成员社承担下列义务：（一）遵守本社章程和各项规章制度，执行成员大会和理事会的决议。（二）按照本章程规定向本社出资。（三）积极参加本社各项业务活动，接受本社提供的技术指导，按照本社规定的质量标准和生产技术规程从事生产，履行与本社签订的业务合同，发扬互助协作精神，谋求共同发展。（四）维护本社合法利益，爱护生产经营设施。（五）不从事损害本社成员社共同利益的活动。（六）不得以其对本社或者本社其他成员社的债权，抵销已认购但尚未缴清的出资额；不得以已缴纳的出资，抵销其对本社或者本社其他成员社的债务。（七）承担本社的亏损。（八）成员社共同议决的其他义务。

成员社有下列情形之一的，终止其成员资格：（一）要求退社的；（二）成员社破产、解散的；（三）被本社除名的。成员社要求退社的，须在会计年度终了不得低于六个月前向理事会提出书面声明，办理退社手续。退社成员的成员资格自该会计年度终了时终止。成员资格终止的，在完成该年度决算后不超过三个月，退还记载在该成员账户内的出资额和公积金份额。如本社经营盈余，按照本章程规定返还其相应的盈余所得；如经营亏损，扣除其应分摊的亏损金额及债务金额。成员社在其资格终止前与本社已订立的业务合同应当继续履行，或依照退社时与本社的约定确定。

成员社有下列情形之一的，经成员大会表决通过，予以除名：（一）不遵守本章程、成员大会决议的；（二）严重危害其他成员社及本社利益的；（三）

成员社共同议决的其他情形。成员大会表决前，允许被除名成员社陈述意见。被除名成员社的成员资格自会计年度终了时终止。本社对被除名成员社，退还记载在该成员账户内的出资额和公积金份额，结清其应承担的本社亏损及债务，返还其相应的盈余所得。因严重危害其他成员社及本社利益被除名的成员社须对本社作出相应赔偿。

二是决策制度。成员大会决定联合社的盈余分配、对外投资等重大财产事项，是联合社财产管理和决策的主要依据，成员大会投票表决采取何种形式，直接影响联合社成员的权益。《农民专业合作社法》规定，联合社成员大会表决实行"一社一票"，这是联合社区别于农民专业合作社及其他市场主体的重要特征。《农民专业合作社法》没有对联合社附加表决权作出明确规定，适用农民专业合作社关于合作社附加表决权的规定。

成员大会是农民专业合作社联合社的最高权力机构，联合社内部所有重大决策特别是与各成员社利益密切相关的重大事项，按照章程要求必须经由成员大会表决通过。监事会负责全面监督联合社理事会的情况，并严格禁止理事会成员进入监事会任职。加入联合社需要提出书面申请，满足入社条件的合作社，再按照联合社入社程序，由理事会审定同意其入社。入社后的成员社享有决策权。

其中，理事会会议的表决，实行一人一票。重大事项集体讨论，并经三分之二以上理事同意，方可形成决定，作成会议记录，出席会议的理事在会议记录上签名。理事个人对某项决议有不同意见时，其意见记入会议记录并签名。理事会会议邀请监事长或者执行监事、经理和成员社代表列席，列席者无表决权。监事会会议的表决实行一人一票。监事会会议须有三分之二以上的监事出席方能召开。重大事项的决议须经三分之二以上监事同意方能生效。监事个人对某项决议有不同意见时，其意见记入会议记录并签名。

三是分配制度。盈余分配制度是联合社的基本制度，是联合社成员获取收益的基本途径，盈余分配方式直接影响成员收益。农民专业合作社联合社可以按照章程规定或者成员大会决议从当年盈余中提取公积金。公积金用于弥补亏损、扩大生产经营或者转为成员出资。每年提取的公积金按照章程规定量化为每个成员的份额。在弥补亏损、提取公积金后的当年盈余，为农民专业合作社联合社的可分配盈余。可分配盈余主要按照成员与本社的交易量（额）比例返还。《农民专业合作社法》对合作社盈余按交易量分配的比例做了明确规定，即按成员与本社的交易量比例返还的返还总额不得低于可分配盈余的百分之六十，但未对联合社按交易量分配盈余的最低比例做出明确规定。联合社可结合自身实际，在章程中规定盈余按交易量的分配比例。返还后的剩余部分，以成员账户中记载的出资额和公积金份额，以及联合社接受国家财政直接补助和他人捐赠形成的财产平均量化到成员的份额，按比例分配给成员。经成员大会或者成员代表大会表决同意，可以将全部或者部分可分配盈余转为对农民专业合作社的出资，并记载在成员账户中。具体分配办法按照章程规定或者经成员大会决议确定。

9.3 联合社的内部管理与运行机制

9.3.1 成员大会是如何运行的

农民专业合作社联合社应当设立由全体成员参加的成员大会，其职权包括修改农民专业合作社联合社章程，选举和罢免农民专业合作社联合社理事长、理事和监事，决定农民专业合作社联合社的经营方案及盈余分配，决定对外投资和担保方案等重大事项。农民专业合作社联合社不设成员代表大会，可以根据需要设立理事会、监事会或者执行监事。理事长、理事应当由成员社选派的人员担任。

成员大会是本社的最高权力机构，由全体成员社组成。成员大会行使下列职权：（一）审议、修改本社章程和各项规章制度；（二）选举和罢免理事长、理事、执行监事、监事长或监事；（三）决定成员入社、除名等事项；（四）决定成员出资增加或者减少；（五）审议本社的发展规划和年度业务经营计划；（六）审议批准年度财务预算和决算方案；（七）审议批准年度盈余分配方案和亏损处理方案；（八）审议批准理事会或者理事长、监事会或者执行监事提交的年度业务报告；（九）决定重大财产处置、对外投资、对外担保和生产经营活动中的其他重大事项；（十）对合并、分立、解散、清算等作出决议；（十一）决定聘用经营管理人员和专业技术人员的数量、资格和任期；（十二）听取理事会或者理事长关于成员社变动情况的报告；（十三）决定公积金的提取及使用；（十四）决定其他重大事项。

联合社成员大会每年至少召开一次。成员大会由理事会者理事长负责召集，并在成员大会召开之日前十五日向全体成员社通报会议内容。有下列情形之一的，应当在二十日内召开临时成员大会：（一）百分之三十以上的成员社提议；（二）监事会或者执行监事提议；（三）理事会提议；（四）成员社共同议决的其他情形。成员大会选举和表决，实行一社一票，成员社各享有一票表决权。成员大会须有本社成员社总数的三分之二以上出席方可召开。成员大会选举或者作出决议，应当由成员表决权总数过半数通过；作出修改章程或者合并、分立、解散，以及设立、加入联合社的决议应当由本社成员表决权总数的三分之二以上通过。章程对表决权数有较高规定的从其规定。

9.3.2 理事会是如何运行的

联合社设理事长一名，可以设理事会。理事长为本社的法定代表人。理事长行使下列职权：（一）主持成员大会，召集并主持理事会会议；（二）签署本社成员出资证明；（三）签署聘任或者解聘本社经理、财务会计人员聘书；（四）组织实施成员大会和理事会决议，检查决议实施情况；（五）代表本社签订合同等。（六）履行成员大会授予的其他职权。

联合社的理事会对成员大会负责。理事会成员至少有三人。理事从成员社选派的理事候选人中产生。理事会行使下列职权：（一）组织召开成员大会并报告工作，执行成员大会决议；（二）制订本社发展规划、年度业务经营计划、内部管理规章制度等，提交成员大会审议；（三）制定年度财务预决算、盈余分配和亏损弥补等方案，提交成员大会审议；（四）组织开展成员社培训和各种协作活动；（五）管理本社的资产和财务，维护本社的财产安全；（六）接受、答复、处理本社成员社、监事会或者执行监事提出的有关质询和建议；（七）接受入社申请，提交成员大会审议；（八）决定成员退社、奖励、处分等事项；（九）决定聘任或者解聘本社经理、财务会计人员；（十）履行成员大会授予的其他职权。

理事会会议的表决，实行一人一票。重大事项集体讨论，并经三分之二以上理事同意，方可形成决定，作成会议记录，出席会议的理事在会议记录上签名。理事个人对某项决议有不同意见时，其意见记入会议记录并签名。理事会会议邀请监事长或者执行监事、经理和成员社代表列席，列席者无表决权。

9.3.3 监事会是如何运行的

联合社可以设执行监事或者监事会。理事长、理事、经理和财务会计人员不得兼任监事。理事长、理事、执行监事或者监事会成员，由成员大会从联合社成员中选举产生，依照本法和章程的规定行使职权，对成员大会负责。理事会会议、监事会会议的表决，实行一人一票。联合社成员大会、理事会、监事会，应当将所议事项的决定作成会议记录，出席会议的成员、理事、监事应当在会议记录上签名。

联合社设执行监事一名，代表全体成员社监督检查理事会或者理事长和工作人员的工作。执行监事列席理事会会议，并对理事会决议事项提出质询和建议。执行监事从成员社选派的监事候选人中产生。

联合社设监事会，监事会成员人数为单数，最少三人，设监事长一名，代表全体成员社监督检查理事会或者理事长和工作人员的工作。监事长列席理事会会议，并对理事会决议事项提出质询和建议。监事从成员社选派的监事候选人中产生。

监事会行使下列职权：（一）监督理事会对成员大会决议和本社章程的执行情况；（二）监督检查本社的生产经营业务情况，负责本社财务审核监察工作；（三）监督理事会成员或者理事长和经理履行职责情况；（四）向成员大会提出年度监察报告；（五）向理事会或者理事长提出工作质询和改进工作的建议；（六）提议召开临时成员大会；（七）履行成员大会授予的其他职责。

监事会会议由监事长召集，会议决议以书面形式通知理事会或者理事长。监事会会议的表决实行一人一票。监事会会议须有三分之二以上的监事出席方能召开。重大事项的决议须经三分之二以上监事同意方能生效。监事个人对某项决议有不同意见时，其意见记入会议记录并签名。

9.3.4　财务管理是如何实现的

联合社实行独立的财务管理和会计核算，严格执行国务院财政部门制定的农民专业合作社财务会计制度。依照有关法律、行政法规和政府有关主管部门的规定，建立健全财务和会计制度，实行财务定期公开制度，每月或者每季度向本社成员社公开会计信息，接受成员社的监督。财务会计人员应当具备从事会计工作所需要的专业能力，会计和出纳互不兼任。理事会或者理事长、监事会成员或者执行监事及其直系亲属不得担任本社的财务会计人员。联合社与成员社和非成员的交易实行分别核算。成员社与本社的所有业务交易，实名记载于各成员社的成员账户中，作为按交易量（额）进行可分配盈余返还分配的依据。利用本社提供服务的非成员与本社的所有业务交易，实行单独记账。会计年度终了时，由理事会或者理事长按照本章程规定，组织编制本社年度业务报告、盈余分配方案、亏损处理方案以及财务会计报告，于成员大会召开十五日前，置备于办公地点，供成员社查阅并接受成员社的质询。

联合社资金来源包括以下几项：（一）成员出资；（二）每个会计年度从盈

余中提取的公积金、公益金；（三）未分配收益；（四）国家财政补助资金；（五）他人捐赠款；（六）其他资金。成员社可以用货币出资，也可以用库房、加工设备、运输设备、农机具、农产品等实物，知识产权、土地经营权、林权等可以用货币估价并可以依法转让的非货币财产，以及其他法律法规允许的方式作价出资，但不得以劳务、信用、自然人姓名、商誉、特许经营权或者设定担保的财产等作价出资。成员社以非货币方式出资的，由全体成员社评估作价或委托第三方机构评估作价、全体成员社一致认可；以土地经营权作价出资的成员社应当经所在社成员（代表）大会讨论通过；以通过租赁方式取得的土地经营权或者林权出资的，须取得原承包权人的书面同意。成员社认缴的出资额，按照章程规定期限缴清。以非货币方式作价出资的成员社与以货币方式出资的成员社享受同等权利，承担同等义务。为实现本社及全体成员社的发展目标需要调整成员出资时，经成员大会表决通过，形成决议，每个成员社须按照成员大会决议的方式和金额调整成员出资。

9.3.5　可分配盈余是如何分配的

农民专业合作社联合社可以按照章程规定或者成员大会决议从当年盈余中提取公积金。公积金用于弥补亏损、扩大生产经营或者转为成员出资。每年提取的公积金按照章程规定量化为每个成员的份额。在弥补亏损、提取公积金后的当年盈余，为农民专业合作社联合社的可分配盈余。可分配盈余主要按照成员与本社的交易量（额）比例返还。《农民专业合作社法》对合作社盈余按交易量分配的比例做了明确规定，即按成员与本社的交易量比例返还的返还总额不得低于可分配盈余的百分之六十，但未对联合社按交易量分配盈余的最低比例作出明确规定。联合社可结合自身实际，在章程中规定盈余按交易量的分配比例。返还后的剩余部分，以成员账户中记载的出资额和公积金份额，以及联合社接受国家财政直接补助和他人捐赠形成的财产平均量化到成员的份额，按比例分配给成员。经成员大会或者成员代表大会表决同意，可以将全部或者部分可分配盈余转为对农民专业合作社的出资，并记载在成员账户中。具体分配办法按照章程规定或者经成员大会决议确定。

9.3.6　公积金是如何提取和使用的

联合社可结合自身发展情况，通过章程或者成员大会决定是否提取公积金、提取公积金的比例等。联合社从当年盈余中提取的公积金，主要用于扩大生产经营、弥补亏损或者转为成员出资。每年提取的公积金，按照成员社与本社交易量（额）或者出资额，也可以二者相结合，依比例量化为每个成员社所有的份额。联合社从当年盈余中提取的公益金，用于成员社的技术培训、合作社知识教育以及文化、福利事业和生活上的互助互济。

联合社接受的国家财政直接补助和他人捐赠，均按国务院财政部门制定的农民专业合作社财务会计制度规定的方法确定的金额入账，作为本社的资金（资产），按照规定用途和捐赠者意愿用于本社的发展。在解散、破产清算时，由国家财政直接补助形成的财产，不得作为可分配剩余资产分配给成员社，处置办法按照国务院财政部门有关规定执行；接受他人的捐赠，与捐赠者另有约定的，按约定办法处置。当年扣除生产经营和管理服务成本，弥补亏损、提取公积金和公益金后的可分配盈余，主要按成员社与本社的交易量（额）比例返还。

可分配盈余按成员社与联合社交易量（额）返还后，如有剩余，剩余部分按照章程规定进行分配。经本社成员大会表决通过，可以将联合社全部或者部分可分配盈余转为成员社对本社的出资，并记载在成员账户中。联合社如有亏损，经成员大会表决通过，用公积金弥补，不足部分也可以用以后年度盈余弥补。联合社的债务用本社公积金或者盈余清偿，不足部分依照成员账户中记载的财产份额，按比例分担，但不超过成员账户中记载的出资额和公积金份额。监事会或者执行监事负责本社的日常财务审核监督。根据成员大会或者理事会的决定，或者监事会的要求委托具有相关资质的社会中介机构对联合社的财务进行年度审计、专项审计和换届、离任审计。

9.3.7 联合社是如何合并与分立的

联合社与其他农民专业合作社联合社合并，须经成员大会决议，自合并决议作出之日起十日内通知债权人。合并后的债权、债务由合并后存续或者新设的农民专业合作社联合社承继。联合社分立经成员大会决议，本社的财产作相应分割，并自分立决议作出之日起十日内通知债权人。分立前的债务由分立后的组织承担连带责任。但是，在分立前与债权人就债务清偿达成书面协议、另有约定的除外。

9.3.8 联合社是如何解散与清算的

依据《农民专业合作社法》的规定，联合社应当解散的事由主要有：（一）因成员社变更导致成员社数量低于法定个数，自事由发生之日起六个月内仍未达到法定个数；（二）成员大会决议解散；（三）本社分立或者与其他农民专业合作社联合社合并后需要解散；（四）因不可抗力致使本社无法继续经营；（五）依法被吊销营业执照或者被撤销登记；（六）成员社共同议决的其他情形。根据《农民专业合作社法》规定，因上述第一项、第二项、第四项、第五项、第六项情形解散的，在解散情形发生之日起十五日内，及时指定成员组成清算组进行清算；逾期未能组成清算组时，成员社、债权人可以向人民法院申请指定成员社所属人员组成的清算组进行清算。清算组负责处理与清算有关未了结业务，清理本社的财产和债权、债务，制定清偿方案，分配清偿债务后的剩余财产，代表本社参与诉讼、仲裁或者其他法律程序，并在清算结束后向成员社公布清算情况，向登记机关办理注销登记。清算组自成立起十日内通知成员社和债权人，并于六十日内在报纸上公告。联合社财产优先支付清算费用和共益债务后，按下列顺序清偿：（一）与成员社已发生交易所欠款项；（二）所欠员工的工资及社会保险费用；（三）所欠税款；（四）所欠其他债务；（五）归还成员出资、公积金；（六）按清算方案分配剩余财产。清算方案须经成员大会通过或者申请人民法院确认后实施。联合社财产不足以清偿债务时，依法向人民法院申请破产。

9.3.9　财产是如何退还的

　　财产相对较强的变动性是联合社财产制度区别于公司等市场主体的特点之一，是联合社建立规范健全的财产制度方面的重要问题。联合社成员入社自愿，退社自由，地位平等，民主管理，实行自主经营，自负盈亏，利益共享，风险共担。退社自由是联合社的基本原则，联合社的财产制度不是限制成员退社的权利，而是在依法保障成员退社权利的同时，尽量减小成员退社对联合社正常运行所造成的影响。对于成员因退社、被除名等情形造成成员资格终止的，联合社应当在会计年度终了时对该成员的财产份额进行核算，并予以退还。《农民专业合作社法》仅对联合社成员退社的形式要件以及成员资格终止时间作了规定，未对成员除名以及成员资格终止的财产退还作出规定。对联合社成员除名以及联合社成员资格终止的财产退还应适用关于合作社的相关规定。根据《农民专业合作社法》第二十八条规定，成员资格终止的，联合社应当在会计核算的基础上，按照章程规定的方式和期限清算该成员财产，一是退还记载在成员账户内的出资额和公积金份额；二是返还可分配盈余；三是按照章程规定分摊资格终止前联合社的亏损及债务。

9.4 相关案例及启示

案例 9-1：志同道合富奶农
——记山东潍坊临朐县志合奶牛专业合作社联合社[①]

山东省潍坊市临朐县具有良好的奶牛养殖基础，是山东省最大的优质奶源基地之一。位于临朐县城关街道下石埠村的临朐县志合奶牛专业合作社联合社，是一家专门从事奶牛养殖的大型合作组织，成立于 2010 年 8 月，现有 31 家成员社，286 户奶农，成员累计出资总额达 500 万元，饲养奶牛超 1 万头，户均增收达 5 万元/年，辐射带动了周边 1 200 多个奶农户养牛。联合社通过"社社联合"走上了致富的新路子，成为全省较大的奶业合作社联合组织，得到省、市、县各级领导的高度评价，获得国家、省、市等各级荣誉 20 多项，并被团中央选作青年就业创业实习基地。2018 年 12 月，临朐县志合奶牛专业合作社联合社入选全国农民合作社 10 大发展典型案例。

成立背景。联合社建设先后经历了"三部曲"：1999 年 8 月，当时任营子兽医站站长的秦贞福在全县率先创办了临朐县奶牛协会，为县内外奶农开展信息、技术、手术、防治等服务，得到奶农普遍欢迎，成为全省最大的奶牛协会；2006 年 8 月，为密切奶农之间的利益关系，搞好更多实物供销，以实体推进奶农发展效益，全县第一家按照《农民专业合作社法》成立的奶牛合作社——临朐县佳福奶牛养殖专业合作社诞生。此后县内外也成立了多家奶牛合作社，但是运行中遇到了许多困难和问题：有的虽在形式上成立了，但缺乏经验与实质性运营内容，合作社与成员之间关系不密切，利益衔接不紧密；有的因规模小，在饲料、兽药、技术应用、引进等实际性问题方面争取不到优惠，成员因体会不到加入合作社的好处而抱怨，合作社发展举步维艰；更为明显的是，一些乳制品企业歧视小合作社，给予的奶价低，在收奶环节任意刁难克扣，奶款不按时结算、兑现，还被告知不是大客户就不能享受优厚待遇。面对种种困难和无奈，县内外大小不等的奶牛合作社在窘困中寻找出路，都渴望成立一家大的合作社联合社，"船大抗风浪"，对内可以搞更好的实物服务、对外可以得到更优惠的待遇，让奶农和合作社双赢。基于此，2010 年 8 月，秦贞福又勇担

[①] 山东省潍坊市临朐县农村经济发展服务中心．志同道合富奶农——记山东潍坊临朐县志合奶牛专业合作社联合社［J］．中国农民合作社，2019（5）：28-29.

"大联合"的责任,先后联合县内多家奶牛合作社,成立了临朐县第一家,也是目前临朐县唯一一家奶牛合作社联合社——临朐县志合奶牛专业合作社联合社。

完善机制。联合社成立后,立即召开成员大会,成立理事会、监事会,民主选举产生了理事长、监事长。理事会迅速规范各合作社行为,要求各成员社的生产经营活动必须接受联合社的监督和指导。联合社根据发展需要,设立了办公室、技术服务部、市场部等业务机构,负责联合社日常工作,确保联合社健康运行。建立健全了会议制度、学习制度等,坚持每月定期召开会议,了解和解决联合社发展中遇到的困难和问题。完善财务管理制度,在保证各家合作社财务独立核算的基础上,联合社设立财务部门,核算联合社业务。联合社享有统一的资源调配权、技术服务权、饲料和牛奶的统购统销权、防疫和挤奶的质量监督权、市场谈判权、合同签订权、统一结算权,收益由联合社向各合作社分配,各合作社再向成员分配。联合社的收入主要用于联合社专职人员的工资支出、办公经费等,盈余部分的80%按各合作社股份和交易量大小进行分红和返还,剩余部分作为联合社发展基金。

服务成员。联合社成立后,千方百计为合作社与成员谋利益、搞服务:一是为奶农争取了参与市场的话语权。积极利用联合社鲜奶产量大、质量好的优势,组织部分成员户代表与乳制品企业进行奶价谈判,得到了乳品企业的相关优惠政策,收购价格比原来提高了20%,增强了市场抗风险能力。二是为成员单位搭建了降本增效的平台。联合社先后与行业内多家企业建立了业务关系,每年以优惠价格统一购进和供应价值3 000万元的兽药、饲料、饲草及相关实物,为成员户节省投入50万元以上。三是为成员户解决了资金困难。联合社积极与临朐县农村信用社、中国银行等多家金融部门联系,先后争取优惠利息贷款2 800多万元,解决了成员户扩大生产规模缺乏资金的难题。2015年率先开展"山东省农民合作社信用互助业务试点"工作,为成员解决资金1 600万元。四是为成员户拓展了多形式的技术服务。主动联系多位国内外奶牛专家到联合社举办技术讲座,加快了新产品、新技术的推广应用;与澳大利亚饲草公司达成了供应优质饲草的协议;取得利拉伐公司支持,为合作社提供专门的清洗液;与蒙牛塞克星有限公司合作,为联合社奶牛品种改良提供一定技术支持。通过联合社的平台,开展技术培训16次,培训奶厅管理人员800人次,推广新技术、新产品4项,成员户奶牛生产平均效益比加入联合社前提高30%以上。

主要启示:

第一,联合社是农民专业合作社发展到一定阶段的组织形式,是合作社通过横向与纵向一体化的方式，实现规模经济的更高层次的合作。从上述临朐县志合奶牛专业合作社联合社案例中可以看出，单个的农民专业合作社竞争力有限，特别是随着外部市场竞争的加剧和合作社业务的扩大，农民专业合作社经营规模小、服务层次低、规范化程度不高、带动能力不强等问题日益突出。为了实现从"单打独斗"到"抱团发展"，加强合作社生产、经营、服务能力，实现规模经济，摆脱在市场竞争中的弱势地位，推动现代农业进一步发展，农民专业合作社联合社应运而生。

第二，联合社在成立之初，就应建立起完善、严谨的组织结构。在治理机制方面，联合社可采取合作社三会治理的典型模式①。成员大会、理事会和监事会各司其职，共同治理联合社。成员大会是联合社的最高权力机构，决定修订制度、人事任免、工作计划制定和审议重大事宜等。成员大会选举和表决，实行一社一票，成员社各享有一票表决权。理事会负责联合社日常工作，履行成员大会授予的其他职权等。监事会监督检查理事会和工作人员的工作，履行成员大会授予的其他职权等。上述临朐县志合奶牛专业合作社联合社案例中，联合社在成立后就立即召开成员大会，成立理事会、监事会，民主选举产生了理事长、监事长，为后期联合社规范发展奠定了坚实的组织基础。联合社根据发展需要，设立了多个业务机构，确保联合社健康运行。同时，建立健全会议制度，完善财务管理制度、盈余分配制度等，不断规范联合社发展。

第三，服务成员社是联合社的最主要职能。2010 年 8 月临朐县志合奶牛专业合作社联合社在当地工商部门注册成立。联合社采取了有效的运行机制，即"两个统一"。一是联合社统一购买农资和技术服务，并以原价向合作社提供；二是合作社产品统一由联合社组织销售，由联合社与企业进行产品定价，从过去的单兵作战转向集团军行动。通过联合与合作，临朐县志合奶牛专业合作社联合社以服务成员社为主要宗旨，攥起拳头打市场，获得了良好的经济效益②。联合社组建后，成员社的市场谈判能力得到了提高，在农资统一购买方面实现了规模经济效应，在产业链延伸方面开辟了新路径，拓展了销售渠道。同时，联合社整合优势资源向成员社提供技术普及和推广服务，优化了成员社养殖方式，成员社的规模、实力都得到了较大的提升和改善。

---

① 刘宇翔. 农民合作社发展模式研究 ［M］. 北京：中国财政经济出版社，2019：81 - 96.
② 谭智心. 联合的逻辑：农民合作社联合社运行机制研究 ［M］. 北京：人民日报出版社，2019：112 - 156.

后 记

为进一步加强农民专业合作社人才培养工作，不断提高辅导员队伍依法指导、扶持、服务合作社的能力和水平，我们组织编写了《农民专业合作社辅导员知识读本》（第二版），希望对各级合作社辅导员有所帮助。

《农民专业合作社辅导员知识读本》（第一版）由以下同志分工撰稿：史冰清负责撰写第一章和第五章；李靖负责撰写第二章、第六章和第七章；徐雪高负责撰写第三章、第四章和第八章。成稿后，有关专家对书稿进行了审阅和修改：苑鹏负责第一章和第二章，郑有贵负责第三章，徐旭初负责第四章，任大鹏负责第五章和第八章，夏英负责第六章和第七章。孙中华、魏百刚、赵铁桥、闫石对该书内容进行了审核。2019年，《农民专业合作社辅导员知识读本》（第二版）由以下同志分工修订与撰写：第一章于正修订；第二章王梦颖修订；第三章周忠丽修订；第四章邵科、朋文欢修订；第五章孙超超修订；第六章吴彬、康晨远修订；第七章杨艳文修订；第八章刘华彬修订；第九章罗慧娟撰写。全书统稿由于占海负责。张天佐、闫石、赵铁桥、朱守银对本书内容进行了审核。

农民专业合作社作为新型市场经营主体，涵盖的产业门类广，涉及的业务范围宽，其规章制度所包含的内容十分丰富，把握难度大。欢迎读者特别是各级农业农村部门和广大合作社辅导员对本书疏漏之处批评指正。

本书编写组

2019 年 11 月

图书在版编目（CIP）数据

农民专业合作社辅导员知识读本 / 农业农村部农村合作经济指导司，农业农村部管理干部学院编著 . —2 版 . —北京：中国农业出版社，2019.12
　ISBN 978-7-109-26378-9

　Ⅰ．①农… 　Ⅱ．①农… ②农… 　Ⅲ．①农业合作社—专业合作社—基本知识—中国 　Ⅳ．①F321.42

中国版本图书馆 CIP 数据核字（2019）第 280996 号

中国农业出版社出版
地址：北京市朝阳区麦子店街 18 号楼
邮编：100125
责任编辑：张丽四
版式设计：韩小丽　　责任校对：周丽芳
印刷：北京万友印刷有限公司
版次：2019 年 12 月第 2 版
印次：2019 年 12 月北京第 1 次印刷
发行：新华书店北京发行所
开本：700mm×1000mm　1/16
印张：11.25
字数：220 千字
定价：60.00 元

版权所有·侵权必究
凡购买本社图书，如有印装质量问题，我社负责调换。
服务电话：010-59195115　010-59194918